"나는 정직과 진실이 이르는 길을 국민과 함께 가고 싶다"

어린 시절, 어머니와 누나와 함께한 사진과 독사진.

"아득히 먼 하늘을 바라보며 피리 소리에 취한 어머니의 모습은
평소에 보던 무서운 어머니가 아니었다.
근태는 피리를 부는 어머니가 좋았다.
그리고 야단을 치고 나서 안아 줄 때 나는 엄마 냄새,
치마폭에서 나는 마늘 냄새 같기도 하고
밥이 끓을 때 나는 냄새 같기도 한 그 냄새가 좋았다."

본문에서

경기고 재학 시절.

경기고 졸업 기념.
근태는 그토록 가고 싶었던 경기고등학교에 합격했다. 광신중학교에서 경기고등학교에 합격한 학생은 근태뿐이었다. (중략) 2학년이 되자 근태는 반에서 일등을 차지했고 간간히 전교 일등을 하기도 했다. 조영래, 손학규라는 이름을 가진 동급생들이 서로 등수를 다투었다. 본문에서

서울대학교 상과대학 재학 시절. 가운데 체크무늬 상의를 입은 사람이 김근태.
대학은 두 가지의 행복을 맛보게 했다. 자유롭게 토론하고 논쟁할 수 있는 학우들과 수십만 권의 책이 있는 도서관이었다. 김근태가 평생에 걸쳐 제일 좋아했던 것이 어쩌면 그 두 가지였다. 본문에서

민청련 간부들과 함께. 오른쪽에서 세 번째가 김근태.

아들 병준 군, 딸 병민 양과 함께.

딸 병민 양의 대학 졸업 기념.
온 가족이 모였다.
2005년 보건복지부 장관 시절.
내 귀여운 아이들아
느이들하고 놀아주지도 못하고
애비가 어디 가서 오래 못 와도
슬퍼하거나 마음이 약해져서는 안 된다
외로울 때는 엄마랑 들에도 나가 보고
봄이 오는 소리를 들어봐야지
바람이 차거들랑 옷깃 잘 여며
감기 들지 않도록 조심도 하고

본문에서

1983년, 장준하 선생 추도 모임.

젊은 시절, 문익환 목사님과 함께.

1988년 5월. 케네디 인권상 수락 연설.
김근태·인재근 부부가 세계적인 인권상을 받는다는 것은 군부정권에게 결코 달갑잖은 일이었다. 그들은 시상식에 가려는 인재근에게 여권을 내주지 않았다. 케네디 재단 측은 직접 한국으로 와서 상을 주겠다고 했지만 그마저도 재단 관련자들에게 비자를 내주지 않았다. 미국 내에서 상당한 영향력을 가진 재단의 대표를 아예 입국조차 못하게 막자, 심각한 외교문제로 번져 갔다. 그제야 비자를 내주어 이듬해인 1988년 5월에 가톨릭 강당에서 비로소 시상식이 거행되었다. 본문에서

1988년 6월 30일, 김천교도소 앞에서 출소의 기쁨을 나누는 모습. ⓒ 민주화기념사업회

1988년 7월 12일, 양심수 석방을 촉구하는 결의 대회. 김대중 전 대통령도 보인다.

1992년 8월 12일, 2년 3개월 여의 옥살이를 마치고 홍성교도소에서 만기 출옥.

1989년 2월 25일, 미대통령 부시 방한 항의 시위현장에서 무장경찰에 둘러싸여 연행되는 김근태. ⓒ 경향신문사, 민주화기념사업회

김근태가 감옥에 있는 동안 그의 부재에 대해 많은 사람들이 안타까워했다.
"김근태가 있었으면……."
민족민주운동이 어려움에 부딪칠 때, 활동가들끼리 의견이 갈려 길을 찾지 못할 때 많은 사람들이 김근태를 그리워했다. 그는 이미 민족민주운동에서 없어서는 안 될 지도자였다.

본문에서

"늘 씩씩한 당신, 언젠가 동지들이 모인 자리에서 그랬다지.
김근태는 감옥 안에 있고 자기는 밖에 있으니까
내가 김근태의 바깥사람이라고.
그런 말을 할 사람은 대한민국에서 단 한 사람 당신뿐이지.
처음 그 얘기를 들었을 때 아주 통쾌한 기분이 들었어.
뿌리 깊은 여성 차별의식을, 멍청한 그 의식을
한 방에 날려 버린 멋진 말이었으니까."

본문에서

김근태와 인재근. 평생 동지이자 반려자였다.

1999년 6월 2일~10일, 44년 만의 인도네시아 민주총선에 카터 전 미국대통령과 함께 '국제선거 감시단'으로 참가했을 때.

2005년 보건복지부 장관 시절,
장관실로 초대된 아이들과 함께 점심을 나누다.

2012년 1월 3일,
청계천 전태일 다리에서 열린 노제.
ⓒ 연합뉴스

"때론 망설이기도 하겠지만……
내 인생이 끝나는 날 어쩌다 그리 살았느냐고 묻는다면……
그저 '김근태를 아는 사람이라서요'라고 말하고 싶다"

추모의 벽에서

2012년 1월 2일, 서울 종로구 서울대학교병원 장례식장에 마련된 빈소 '추모의 벽'에 추모객들이 적어 놓은 메모들. ⓒ 연합뉴스

역사인물도서관 1
김근태 이야기

이 도서의 국립중앙도서관 출판시도서목록(CIP)은 e-CIP 홈페이지(http://www.nl.go.kr/ecip)와
국가자료공동목록시스템(http://www.nl.go.kr/kolisnet)에서 이용하실 수 있습니다.
(CIP제어번호 : CIP2012005920)

역사인물도서관 1 김근태 이야기

최용탁 글 | 박건웅 그림

북멘토

• 별도의 표기가 없는 사진 자료 및 개인 연보의 기초자료는 한반도재단의 도움을 받았습니다.

─ 차례

얼음장을 뚫고서	23	산선의 노동운동가	116
엄마의 피리 소리	34	민주화운동청년연합 의장	122
나는 아버지와 달라요	49	남영동, 짐승의 시간	140
역사에 눈뜨다	60	고문기술자 이근안	149
첫 번째 시련	72	기적이 일어나다	154
다시 학교로	77	수인이 되어	159
나의 길을 갈 수 있을까	83	세계적인 양심수	168
유신의 폭압 속으로	90	국민의 편에서	174
수배자	103	민주주의의 별이 지다	182
인재근을 만나다	108	에필로그	191

글쓴이의 말 195 | 김근태 연보 199 | 참고문헌 221

얼음장을 뚫고서

겨울방학이 끝나 가고 있었다. 양평으로 전학 와서 맞은 첫 번째 겨울방학, 그동안 친구들과 꽤 많이 친해졌다. '사택 애'라고 부르던 형들도 이제 '근태야'라고 불러 준다.

"여기서는 아마 졸업할 때까지 있게 될 거다."

낯선 사택으로 이사 오던 날, 아버지는 그렇게 말했다. 초등학교 4학년이 되는 동안 벌써 네 번째 전학이었다.

사택은 운동장 끝 개나리와 사철나무로 빼곡하게 두른 울타리 밖에 있었다. 학교가 파하고 아이들이 교문을 향해 우르르 몰려갈 때 근태는 운동장을 가로질러 사택으로 향했다. 아이들이 수군대는 소리가 뒤통수에 따라붙었다.

"쟤가 교장 선생님 아들인가 봐. 교장 선생님은 엄청 늙었던데 쟤는 완전 꼬맹이네."

근태는 혼자 운동장을 가로질러 가는 길이 싫어서 아이들이 다 가도록 교실에 앉아 있곤 했다. 빈 교실에 혼자 앉아 있으면 저절로 한숨이 내쉬어졌다. 외톨이가 되는 것은 정말 싫었다. 아이들은 교장의 아들인 근태에게 쉽게 다가오려 하지 않았다. 어느 학교에서나 마찬가지였다.

"야, 쟤하고 놀다간 무슨 일이든 교장 선생님 귀에 들어갈 거다. 애초에 끼워 주질 말아야 해."

근태 입장에서는 말도 안 되는 오해였다. 다른 건 몰라도 근태는 여태껏 단 한 번도 고자질을 해 본 적이 없었다. 누군가의 잘못을 일러바친다는 것은 생각만 해도 불쾌했다. 하지만 아이들은 교장의 아들이라는 이유만으로 지레 그렇게 근태를 대하곤 했다. 물론 얼마 안 가 그런 오해는 풀렸지만 전학을 갈 때마다 근태는 마음이 무거웠다. 겨우 사귀고 정들었던 친구들과 헤어지는 것도, 새로운 학교에서 새로운 친구들을 다시 사귀는 일도 모두 힘에 부쳤다.

그래서 이번 학교에서 졸업을 하게 될 거라는 아버지의 말이 그렇게 반가울 수 없었다.

"야, 얼음이 출렁철렁한다! 고무다리다, 고무다리!"

겨우내 꽁꽁 언 개울에서 썰매를 타던 아이들이 얼음 위에서 발을 굴러 댔다. 그때마다 얼음이 마치 물에 뜬 듯 아래위로 출렁거렸다. 날이 풀려 얼음의 가장자리가 녹으면서 커다란 얼음판이 움직이는 것을 아이들은 얼음고무를 탄다고 했다. 그쯤은 시골 학교로만 전학을 다닌 근태도 알고 있었다. 그 위에서 노는 건 위험하고 실제로 물에 빠지는 경우도 많았다.

"근태야, 이리 와라. 너, 얼음배 타 봤냐?"

얼음판 위에서 신이 난 아이들이 근태에게도 손짓을 했다. 위험한 곳에는 되도록 가지 않는 근태였지만 이제 겨우 친해지기 시작한 친구들을 뿌리칠 수 없었다. 근태는 타던 썰매를 들고 조금씩 기우뚱거리는 얼음 위로 올라갔다. 혹시 얼음이 깨져 빠진다 해도 물이 배꼽보다 더 깊지는 않을 터였다. 아이들은 더욱 신나서 발을 구르며 얼음 위에서 미끄러지다가 제풀에 넘어지기도 했다. 그러다 어느 순간 가장자리에 서 있던 아이의 발밑에서 우지끈 소리가 나며 얼음이 무너져 내렸다. 아이는 짧은 비명을 지르며 그대로 물속으로 빠졌다. 다행히 물은 근태의 생각처럼 그다지 깊지 않았다. 겨우 허리께나 올까. 물에 빠진 아이도 헤헤, 웃으며 물 밖으로 걸어 나왔다. 그러고는 마른 풀과 나뭇가지를 주워 와 개울가에 불을 피웠다. 풀이 타는 구수한 냄새가 연기와 함께 퍼져 나갔다. 아직 해가 중천이었다. 아이들은 서로 장난을 치며 얼음판을 떠나지 않았다.

"야, 저거 근태 썰매 아니야?"

누군가 외치는 소리에 돌아보니 얼음판 위에 놓아두었던 썰매가 저 혼자 스르르 미끄러지고 있었다. 얼음판이 출렁이며 기울다 보니까 그리된 것이었다. 썰매는 얼음판의 가장자리에 겨우 걸쳐 있었다. 썰매를 가지러 갔다간 아까 물에 빠진 애와 똑같은 꼴을 당할 게 분명했다. 하지만 물에 빠지는 것보다 썰매가 우선이었다. 얼마나 어렵게 얻은 썰매란 말인가.

겨울이 되자 아이들은 저마다 썰매를 들고 개울로 나왔다. 나무 판자 아래 굵은 철사를 박은 게 대부분이었지만 어디서 구했는지 진짜 발로 타는 신발 스케이트의 날을 구해 썰매 밑을 댄 아이도 두엇이나 있었다. 그걸 처음 본 근태는 부엌에서 쓰는 식칼을 썰매에 댄 줄 알았다. 얼음 위를 빠른 속도로 달리는 썰매가 어찌나 근사해 보이는지 근태는 부러워 눈물이 다 날 지경이었다. 근태는 여태껏 철사 박은 허술한 썰매조차 가져 본 적이 없었다.

"올해는 기어이 썰매를 가지고 말 거야."

하지만 아직 제 손으로 만들 수는 없었다. 아버지에게 졸라 보았지만, 아버지는 귓등으로 흘려들을 뿐이었다.

"무얼 가지고 썰매를 만들어? 그 아이들은 집에서 농사를 지으니까, 널빤지며 철사 같은 게 있는가 보다만, 봐라, 우리 집에야 어디 그런 게 있느냐?"

아버지는 썰매를 만들어 줄 생각조차 없는 듯했다. 그래도 워낙 가지고 싶은 썰매인지라 몇 번을 더 말해 보았지만 그저 허허, 웃으며 웬 고집이 이렇게 세냐는 말만 되돌아왔다. 근태는 고집 센 걸로 치면 조르는 나보다 만들어 줄 생각조차 하지 않는 아버지가 더한 게 아닌가 생각했다. 이대로 또 나만 썰매도 없이 개울에 가서 아이들하고 놀아야 하나, 근태의 얼굴에 수심이 가득한 것을 본 어머니가 지나가는 말처럼 한 마디 했다. 아버지와 실랑이하는 며칠 동안 한 번도 근태 편을 들어주지 않은 야속한 엄마였다.

"낼 모레 형이 온다니까, 형한테 만들어 달라고 해 봐라. 아버지보다는 형이 더 솜씨가 있을 게다."

형이 솜씨가 있다고? 아무리 생각해도 형이 무언가를 만드는 것을 본 적이 없는 것 같았다. 방에서 책을 읽거나 공책에 무언가를 쓰는 형의 모습만 근태의 머릿속에 박혀 있었다. 아홉 살이나 차이 나는 형이어서인지 근태와 별로 이야기를 나누지도 않았다. 근태는 형을 어려워했지만 요즘은 좀 형에게 대들고 싶은 마음도 생기곤 한다. 세상 걱정은 혼자 다 하는 것처럼 늘 인상을 찌푸리고 있는 것도 마음에 안 들고, 대학생이 되고 나서 어머니 아버지를 무시하는 듯한 말투로 바뀐 것도 싫었다. 우리나라에서 제일 좋다는 서울대학에 들어갔으면서도 말끝마다 '에이, 그까짓 데' 하고 콧방귀를 뀌는 것도 이상해 보이기만 했다. 그런데 그런 형에게 썰매를 만들어 달라고 부탁한다? 들어줄 것 같지도 않지만 자존심이 상하는 일이었다.

그런데 이상한 일이 일어났다. 집에 온 형이 하룻밤을 자고 나서 어딘가를 다녀오더니 한 발도 넘는 굵은 철사를 들고 온 것이었다. 그리고 못과 망치를 찾아 들고 썰매를 만들기 시작하는 게 아닌가?

"썰매만 타면 안 된다. 겨울방학 때 너무 놀면 일등 놓친다."

놀란 근태에게 싱긋, 웃음까지 보이는 건 좋았는데 일등을 놓치다니, 그런 일은 있을 수 없었다. 어쨌든 형이 만들어 준 썰매는 아주 근사하진 않았지만 얼음 위에서 다른 아이들 썰매에 뒤처지지 않고 씽씽 달려 주었다. 특히 얼음을 찍는 꼬챙이는 단단한 물푸레나무에다 대못을 뾰족하게 갈아 끼워 만들어서 다른 애들이 부러워할 정도였다.

그렇게 어렵게 얻은 썰매를 잃을 수는 없었다. 근태는 살금살금 얼음판 끝으로 걸어갔다. 거의 썰매가 손에 잡힐 듯 가까이 왔을 때, 발밑에서 심상치 않은 소리가 들리는가 싶더니 그대로 얼음이 깨지고 말았다. 썰매도 근태의 몸도 함께 물속으로 빠지는 순간, 근태는 손을 뻗어 썰매를 잡았다. 썰매를 들고 물에서 나오려는데 무언가 허전한 기분이 느껴졌다. 아뿔싸, 물에 빠지면서 손에 들고 있던 꼬챙이를 놓친 거였다. 돌아보니 두 개 중에 하나는 보이는데 나머지 하나가 보이지 않았다.

두리번거리는 근태의 눈에 커다란 얼음장 밑으로 흘러들어 가는 꼬챙이가 들어왔다. 저걸 잃으면 안 된다, 오직 그 생각뿐이었다.

근태는 흘러들어 간 꼬챙이를 따라 얼음장 밑으로 들어갔다. 겨우 꼬챙이를 잡자 이번엔 퍼뜩 머릿속으로 무서운 생각이 지나갔다. 뒤로 돌아 들어온 곳으로 다시 나가기엔 이미 늦었다는 느낌이 왔다. 턱까지 숨이 차올라 흐르는 물을 거슬러 갈 수 있을 것 같지 않았다. 다음 순간, 근태는 힘껏 바닥을 박차며 몸을 곧추세웠다. 머리로 얼음을 들이받는 아픔을 느낄 새도 없이 우지끈, 얼음장이 깨졌다. 그와 함께 근태의 몸도 밖으로 솟구쳤다. 엉겁결에 일어난 사태에 놀라서 지켜보던 아이들이 환호성을 지르며 박수를 쳤다.

"우아, 근태야. 우리는 네가 죽는 줄 알았다."

"근태, 너 대단하다. 얼른 와서 불 쬐라."

아이들에게 둘러싸인 근태는 이상한 기분이었다. 몸은 와들와들 떨리는데 얼굴은 불에 덴 것처럼 뜨거운 느낌이었다. 썰매를 지켰다는 뿌듯함, 포기하지 않았다는 자부심이 가슴 가득 차올랐다.

덜덜 떨면서 집으로 온 근태는 대문 밖에서 안을 살폈다. 어머니가 보면 당장에 불호령이 떨어질 터였다. 호령 정도에 그치지 않고 회초리를 들지도 몰랐다. 어머니는 자주 매를 들었다. 고등학교에 다니는 형에게 매를 든 적도 있었다. 근태는 어머니의 회초리가 정말 싫었다. 말로 해도 얼마든지 알아들을 수 있고 한 번 잘못한 일이라고 생각한 이상 두 번 다시 되풀이하지 않을 근태였다. 그런데 왜 꼭 매를 드는지 이해할 수 없었다. 그래서 어머니가 매를 들면 일단 도망부터 가곤 했다. 쉰이 훨씬 넘은 어머니가 다람쥐처럼 잘

달리는 근태를 쫓아올 수는 없었다. 어머니는 마흔셋의 나이에 막내 근태를 낳았던 것이다.

"썰매를 타다가 얼음이 깨져서 물에 빠졌어요."

목소리가 작아진 것은 거짓말을 조금 섞었기 때문이었다. 물에 빠진 썰매를 건지려고 일부러 물에 뛰어들었다고 말하면 더 크게 혼날 것 같아서였다.

"너는 방학 내내 공부는 안 하고 놀러만 다니는 거냐? 물에 퐁당 빠져서 빨랫감이나 만들고."

어머니는 의외로 야단을 치지는 않았다. 다만 와들와들 떨고 있는 아들을 걱정하는 말 한 마디쯤 해 주면 더 좋았으련만, 그냥 저녁상만 차릴 뿐이었다. 아버지는 별 말이 없었다.

그날 밤, 근태는 잠이 들었다가 오줌이 마려워서 일어났다. 윗목에 있는 요강을 더듬거려 찾는데 아버지의 목소리가 들려왔다.

"오줌을 누고 잘 것이지, 금방 일어나 요강을 찾누?"

아버지도 어머니도 아직 잠들지 않은 걸로 보아 깊은 밤은 아닌 모양이었다. 다시 이불 속으로 들어왔지만 다른 때와 달리 금방 잠이 오지 않았다. 낮에 있었던 일이 떠오르자 새삼스레 무서운 생각이 들었다. 물속에서 일어섰을 때 만약 얼음이 깨지지 않았더라면 어떻게 되었을까. 뿌연 물속에서 숨이 막혀 발버둥을 치다가 죽었을 것이다. 죽음이라니……, 어린 근태의 머릿속에 처음으로 죽음이라는 낯선 단어가 생생하게 다가왔다. 두려움과 어쩐지 울고 싶은 기분이 번갈아 뒤섞였다. 잠은 점점 달아나는데 아버지와 어머니가 두런두런 이야기를 나누기 시작했다. 근태는 잠든 척 가만히 있었다.

"근태가 점점 제 큰형을 닮아 가는 것 같지 않소?"

"그러게요. 얼굴 생김새도 그렇고 공부를 시켜 보면 꼭 홍태 어릴 때 같아요. 내가 놀랄 정도로 빨리 알아듣고 문제를 풀곤 해요. 근태를 보면 자꾸 홍태를 보는 것 같아요."

아버지가 부스럭거리며 일어나더니 성냥을 그었다. 방 안이 확 밝아졌다가 다시 어둠 속에 묻혔다. 아버지가 피우는 담배 연기가 매캐하게 퍼지면서 담배를 빨아들일 때마다 방 안이 붉게 물들곤 했다.

"무심하고 야속한 놈, 살아 있기나 한지."

아버지가 길게 한숨을 내쉬었다.

"살아 있으면 올해 서른셋이네요. 죽었는지 살았는지도 모르니……. 똑똑하고 듬직하던 우리 홍태……."

어머니는 울먹이고 있었다. 근태는 소스라치게 놀랐다. 어머니가 우는 모습을 한 번도 보지 못해서였다. 어머니가 울다니! 어머니는 세상에서 제일 강한 사람이라고 생각했다. 아버지와 다툴 때도 으레 어머니가 이기곤 했다. 너무 강하고 성격이 불같은 어머니가 싫어서 싸움을 시작하면 마음속으로 아버지 편을 들곤 했다. 그런데 어머니가 숨죽여 흐느끼고 있었다.

홍태 형, 친척들에게는 물론이고 학교와 이웃 마을까지 천재라고 소문이 났다던 큰형. 근태는 형을 본 기억이 없었다. 근태가 세 살 되던 해에, 형은 행방불명이 되었다. 전쟁통에 어디로 사라졌는지 아무도 알지 못했다. 큰형뿐 아니었다. 둘째 형 성태도, 셋째 형 영태도 모두 전쟁 중에 사라져 버렸다. 형들의 행방에 대해서는 소문만 무성할 뿐 어느 누구도 자세히 설명해 주지 않았다. 북한의 인민군이 후퇴할 때 함께 갔다는 소문과 미군의 비행기 폭격 때 죽었다는 소문이 떠돌았다. 그러니까 올해 대학에 들어간 국태 형은 넷째 형이었다. 위로 세 형이 모두 사라지고 중학교에 다니는 누나와 근태, 이렇게 다섯 식구만 남게 된 것이었다.

'홍태 형, 성태 형, 영태 형.'

근태는 마음속으로 얼굴도 모르는 세 형의 이름을 불러보았다. 그중에 홍태 형은 하도 이야기를 들어서인지 얼굴이 떠오를 것만 같았다. 근태와 닮았다는, 초등학교부터 경기고등학교를 졸업할 때까지 한 번도 일등을 놓친 적이 없었다는 형이었다.

언젠가 집안 어른에게 들은 홍태 형 이야기는 마치 아득한 전설 같았다. 일제강점기 말엽에 경기고등학교를 졸업하고 징병을 피하기 위해 형은 일본의 와세다 대학 공학과에 진학하려 하였다. 공과대학 학생은 징병에서 면제되기 때문이었다. 그런데 형은 빨간색과 녹색을 구분하지 못하는 색약이었다. 색약은 공과대학에 들어갈 수가 없었다. 형은 시력검사를 하는 색약표 전부를 외워서 검사를 무사히 통과했고 와세다 대학에 입학할 수 있었다. 그렇게 뛰어난 머리로 공부만 한 게 아니었다. 우리나라가 올바로 가야 할 길을 찾아 고민하고 앞장서서 실천하던 열혈 청년이었다. 어느 친척 어른은 홍태 형을 두고 심지어 우리나라 대통령이 되고도 남을 사람이었다고 했다. 홍태 형은 점점 근태의 마음속에 우상으로 자리 잡았다. 홍태 형처럼 되기 위해서는 우선 공부를 잘해야 했다.

엄마의 피리 소리

봄이 왔다.

어머니는 함지 가득 빨래를 이고 개울가로 나갔다. 방망이로 빨래를 내리치는 어머니의 이마에 땀이 송골송골 맺히고 있었다.

"엄마, 이거."

근태가 꺾어 온 버드나무 가지를 내밀었다.

"녀석하고는. 이 빨래 좀 봐라. 한가하게 피리 불 시간이 있겠나."

"한 번만. 꼭 한 번만이요."

어머니는 못 이기는 척 방망이를 놓고 버드나무 가지를 받아 들었다. 어머니는 근태가 미리 챙겨 온 주머니칼로 손가락 길이만큼 가지를 잘랐다. 그리고 조금씩 껍질을 비틀어 준 다음 안의 하얀

나무를 쏙 뽑아냈다. 입에 무는 쪽의 껍질을 얇게 벗겨 내면 버들피리가 되었다. 어머니는 두 개를 만들어 하나는 근태에게 주고 다른 하나로 피리를 불기 시작했다. 무슨 노래인지 알 수 없는 곡조가 피리 속에서 흘러나왔다. 삘릴리리, 삘릴리리, 끊어질 듯 이어지며 왠지 자꾸 슬퍼지는 어머니의 피리 소리는 아무리 들어도 지루하지 않았다.

아득히 먼 하늘을 바라보며 피리 소리에 취한 어머니의 모습은 평소에 보던 무서운 어머니가 아니었다. 근태는 피리를 부는 어머니가 좋았다. 그리고 야단을 치고 나서 안아 줄 때 나는 어머니 냄새, 치마폭에서 나는 마늘 냄새 같기도 하고 밥이 끓을 때 나는 냄새 같기도 한 그 냄새가 좋았다. 어머니의 치맛자락을 붙잡고 듣는 피리 소리에 희미한 어머니 냄새까지 풍겨 오자 근태는 와락 어머니 품에 안겨서 울고 싶은 기분이었다.

"너도 불어 보렴. 엄마는 얼른 빨래를 해야겠다."

근태는 버들피리를 아무리 애를 써 불어도 어머니 같은 곡조가 나오지 않았다. 삐익, 삐익 하는 소리가 겨우 나거나 아예 소리가 나지 않을 때도 많았다. 왜 어머니 피리에서만 저런 소리가 나올까. 근태는 궁금했지만 물을 수도 없었다. 어머니가 왠지 슬픈 얼굴을 하고 말없이 빨래만 펑펑 두드리고 있었기 때문이었다.

새로 전학 온 양수초등학교는 전에 다니던 학교보다 더 시골이었고 학생 수도 적었다. 한 학년이 백여 명 정도였다. 그렇게 보아서 그런지 아이들도 별로 공부를 열심히 하는 것 같지 않았다. 전에 다니던 큰 학교에서도 늘 일등을 하던 근태는 당연히 일등을 하리라고 믿었다. 애들을 사귀느라고 공부를 열심히 하지는 못했지만 수업 시간에 선생님 말씀에 집중하는 것만으로도 어려운 문제는 없었다. 일등을 하기 위해 열심히 공부했던 전과 달리 싱거운 느낌이 들기도 했다.

양수초등학교에서 처음으로 치른 시험 성적이 나오는 날이었다. 지금은 사라졌지만 그때는 초등학교도 일등부터 꼴찌까지 등수를 매겼다.

"이번 시험 일등은 또 이철우다. 그리고 새로 전학 온 김근태가 이등이고……."

선생님의 발표가 이어졌지만 근태의 귓속에는 아무 말도 들려오지 않았다. 일등이 아니라니! 얼굴이 달아오르고 가슴이 쿵쾅거리며 뛰었다. 아이들과 놀다가 나무에 머리를 부딪쳤을 때처럼 주위가 팽그르르 도는 것 같았다. 창피하고 부끄럽고, 아버지와 어머니의 화난 얼굴이 떠오르고 형이 비웃는 소리가 들려오는 듯했다. 어떤 변명도 떠오르지 않았다. 이유는 단 하나, 너무 자만심에 빠져 공부를 소홀히 한 것뿐이었다.

"어쩐지 공부는 안 하고 놀기만 하더라니. 이제 정신이 번쩍 드느냐?"

아버지와 달리 어머니는 마구 야단을 쏟았다. 그따위로 하려면 중학교도 가지 말라는 말에는 울컥 화가 나기도 했지만, 아무 말도 하지 못했다. 마음속으로 다음 번 시험에서 보기 좋게 일등을 하리라고 다짐을 하고 또 했다.

당장 공부에 매달렸다. 훤히 아는 단원도 다시 복습하고 수학 문제는 열 번 스무 번 거듭 풀었다. 자신 있는 국어도 교과서를 달달 외울 정도가 되었다. 몇 시간씩 책상에 앉아 있다가 머리가 멍해지면 운동장을 내달렸다. 이쪽 끝에서 저쪽 끝까지 전속력으로 달리고 나면 숨은 가쁘지만 머릿속은 맑아지곤 했다. 운동장의 플라타너스 그늘에 앉아 있다가 문득 금봉이 생각이 나기도 했다. 금봉이는 전에 다니던 학교의 동갑내기 여학생이었다.

여자애들은 늘 고무줄놀이를 했다. 노래를 하면서 춤추듯이 두 발로 고무줄을 밟거나 타고 넘는 여자애들을 보면 남자애들의 장난기가 발동하곤 했다. 슬며시 다가가 면도칼로 고무줄을 싹둑 자르고 도망가는 것이었다. 근태는 한 번도 그런 장난을 치지 않았다.

그런데 그날은 이상했다. 금봉이가 고무줄놀이를 하고 있었는데 그냥 지나가려던 발자국이 저도 모르게 멈추는 것이었다. 동글동글한 하얀 얼굴에 양 갈래로 딴 뒷머리가 팔랑거리고 있었다. 시골 아이들과 다른 하얀 얼굴이 어딘지 서울 애 같다는 생각을 평소에도 하고 있었다. 그리고 근태는 금봉이에게 다가가 고무줄을 자르고 말았다. 스스로 생각해도 왜 그랬는지 모를 일이었다. 금봉이는 화가 잔뜩 나서 쫓아왔고 근태는 잡히지 않고 요리조리 피해 나갔다. 금봉이는 약이 올라 울음을 터뜨리면서도 끝까지 근태를 잡으려 쫓아왔다. 이상한 기분이었다. 금봉이가 쫓아오는 게 좋기도 하고 가슴이 아프기도 한데 어쨌든 날아갈 것 같은 기분이었다. 그리고 곧 전학을 왔는데 이상하게 여학생 중에는 금봉이 얼굴만 자꾸 떠올랐다.

두 번째 시험을 앞두고 철우가 갑자기 전학을 가 버렸다. 철우를 이기기 위해 열심히 공부했던 근태는 맥이 빠지는 기분이었다. 한편으로는 경쟁자가 사라졌으니 이제 일등은 당연하리라는 안도감도 느껴졌다. 그런데 이게 웬일, 두 번째 시험에서도 근태는 이등이었다. 지난번에 삼등을 했던 아이가 일등으로 치고 올라온 것이었다. 고통스럽고 비참했다. 아무리 공부를 해도 다시 일등을 되찾아 오지 못할 거라는 불안이 고개를 들더니 날이 갈수록 초조해졌다.

세 번째 시험을 며칠 앞두고, 해서는 안 될 생각이 자꾸만 떠올랐다. 시험지! 학교에는 선생님들이 시험지를 인쇄해서 쌓아 두고 있었다. 학생들은 절대 미리 볼 수 없지만 학교 사택에 사는 근태에게는 어려운 일이 아니었다. 결국 근태는 유혹을 이기지 못하고 교무실에 몰래 들어가 시험지를 가지고 나왔다. 가슴이 두근거리고 발걸음이 잘 떨어지지 않았지만 무사히 시험지를 빼내 오는데 성공했다.

그리고 시험을 보는 날, 당연히 모두 맞힐 수 있었지만 혹시 의심을 받을까 두려워 일부러 두어 문제를 틀렸다. 다른 생각은 들지 않았다. 일등이라고 찍힌 성적표를 어머니에게 보여 주고 꺾인 자존심을 되찾을 수 있을 거라는 기대뿐이었다. 그런데 또 이등이었다. 다 알고 본 시험인데도 여전히 이등이었다. 지난번 일등을 했던 아이가 단 한 문제만 틀리고 모두 맞았던 것이다. 그제야 부끄러움이 밀물처럼 몰려왔다. 부정한 방법으로 일등을 하려 했던 자신이 부끄러워 견딜 수가 없었다.

가난한 시골 마을에서 교장 선생님은 꽤 높은 지위였다. 오래되어 낡긴 했지만 사택도 마을에서 제일 좋은 집이었다. 꽁보리밥에 김치만으로 도시락을 싸 오는 아이들이 많았던 시절이었다. 하지만 겉보기와 달리 근태네도 결코 여유롭지 않았다. 교장의 월급이 많지 않은데다가 형과 누나가 서울에서 학교를 다녔기 때문에 살림은 늘 쪼들렸다. 어머니는 사택에 딸린 작은 텃밭을 일구어 반찬으로 쓸 채소를 가꾸고 닭을 키우기도 했다. 계란이 퍽 귀한 시절이었다. 많을 때는 닭이 하루에 열 개가 넘는 알을 낳았고 어머니는 그것을 가져다가 쌀이나 밀가루로 바꾸어 오곤 했다.

"근태야, 우리 박하사탕 사 먹으러 가자."

부쩍 친해진 친구가 뜻밖의 말을 했다.

"어떻게? 난 돈 없는데."

친구 역시 때때로 도시락을 싸 오지 못할 정도로 가난했기 때문에 돈이 있을 리 없었다. 그런데 씩 웃으며 불룩한 주머니를 툭툭 쳤다.

"걱정 마라. 이거만 있으면 박하사탕을 먹을 수 있다."

수염이 하얗게 센 할아버지가 앉아 있는 작은 가게가 있었다. 담배와 술, 사탕 따위가 전부인 아주 작은 가게였다. 친구가 주머니에서 꺼낸 것은 마늘 네 통이었다. 마늘을 받고 할아버지는 사탕 두 개를 내주었다. 돈을 내지 않고도 사탕을 살 수 있다는 게 신기했다. 그리고 그 달콤하고 환한 박하사탕 맛이라니! 입안에서 녹아 자꾸만 작아지는 게 안타까울 정도였다.

"너희 집에는 마늘이 많니?"

사탕을 다 먹은 근태가 부러운 표정으로 물었다.

"아니, 헛간에 몇 접 걸려 있긴 한데 벌써 내가 열 통이나 몰래 떼어 왔거든. 이제 더는 못할 거야. 들킬 테니까. 우리도 닭이나 키우면 좋으련만. 그럼 날마다 박하사탕을 먹을 수 있을 텐데."

"닭이라고? 그게 무슨 말이야? 왜 닭을 키우면 사탕을 먹을 수 있어?"

친구의 말에 근태는 다급하게 물었다. 닭이라면 근태네 집에 스무 마리쯤이나 있었다.

"달걀은 한 알만 가져가도 박하사탕 한 알이야. 마늘은 두 통이고."

근태는 이틀을 망설였다. 어머니가 애지중지하는 달걀을 몰래 가져다가 사탕과 바꾸어 먹고 싶은 마음과 그래서는 안 된다는 마음이 서로 엎치락뒤치락 싸우고 있었다. 이긴 쪽은 박하사탕이었다. 자려고 누웠다가도 박하사탕을 생각하면 입안 가득 침이 고이는 것이었다. 닭이 하루에 낳는 달걀의 수는 일정하지 않았다. 아홉 개를 낳을 때도 있고 열두 개를 낳을 때도 있었다. 그러니까 몰래 하나쯤 가져간다 해도 어머니가 눈치를 채지는 못할 것 같았다. 다음 날부터 근태는 날마다 달걀 하나를 주머니에 넣고 대문을 나섰다. 그때마다 등 뒤로 어머니의 눈길이 느껴지고 마치 똥이 마려운 것 같은 이상한 기분이 들었다. 하지만 완전히 대문을 빠져나오면 어려운 수학 문제를 풀었을 때처럼 절로 웃음이 나왔다.

달걀 가져 나오기를 몇 번이나 했을까. 들키지 않을 것 같았는데 역시 어머니의 눈은 예리했다.

"너 달걀 훔쳐다 뭐하는 거야? 응? 바로 대지 못해?"

갑자기 근태를 붙잡아 앉히고 추궁하는 어머니 앞에서 근태는 그냥 얼어붙고 말았다. 어머니는 이미 다 알고 계시는 것 같았다. 고스란히 실토하는 수밖에 없었다.

"그깟 사탕과 바꿔 먹으려고 몰래 달걀을 훔쳐? 내가 너를 잘못 키웠구나."

심한 꾸중 끝에 어머니가 한 말이 가슴에 맺혀 떠나지 않았다. 어머니의 실망이 가득한 표정이 두려웠다.

"이놈, 이번에도 네놈 짓이지?"

아버지의 얼굴이 다른 사람처럼 보였다. 어머니는 자주 매를 들었지만 아버지는 한 번도 회초리를 든 적이 없었다. 그런데 회초리도 아니고 곧바로 근태의 멱살을 틀어쥔 것이었다. 근태는 놀라면서도 무슨 영문인지 알 수 없었다. 아버지는 더욱 단단히 멱살을 쥐고 마구 흔들어 댔다.

"당장 이실직고하지 못해? 어디 가서 또 사탕으로 바꿔 먹은 거냐? 응?"

부엌에 있던 어머니가 놀라 뛰어 나왔다.

"대체 무슨 일이에요? 근태가 뭘 훔쳤다고요?"

"글쎄 이놈이 양복 안주머니에 넣어둔 면도날 갑을 통째로 가져갔지 뭐요."

근태는 기가 막혔다. 훔치기는커녕 아버지의 양복에 손도 댄 적이 없었다. 그 안에 면도날이 들었는지도 당연히 알지 못했다. 그런데도 막무가내로 범인으로 몰리다니 답답하고 억울하기 짝이 없었다. 하지만 아버지는 멱살을 쥔 손에 더욱 힘을 주었다.

"이 녀석이 값나가는 면도날인 걸 알았던 거요. 질레트 면도날이면 아무 가게에서나 다 받아 주니까."

역시 처음으로 들어 보는 말이었다. 발버둥을 치며 아니라고 고함을 쳐도 아버지의 손은 풀리지 않았다.

"여보, 이렇게 거짓말을 하는 놈을 어떡하면 좋겠소?"

"흥, 거짓말하는 입은 불로 지져야지."

자신을 믿어 주리라고 믿었던 어머니가 한 술 더 떠서 진짜 불에 달군 인두를 가지고 나왔다. 그러고는 입 가까이 인두를 들이대었다.

"솔직히 말해. 아니면 정말로 입을 지져 버릴 테니까. 면도날을 어디다 팔아먹었니?"

"정말 저는 모르는 일이에요. 본 적도 없다구요."

분하고 억울해서 말도 잘 나오지 않았다. 눈물이 샘솟듯 흘러내렸지만 아버지와 어머니는 막무가내였다.

"지난번 달걀 훔쳐 냈을 때도 처음에는 아니라고 우겼지. 이 녀석이 거짓말쟁이가 되었어."

아버지는 고함을 치며 근태를 흔들어 대고 어머니는 여전히 인두를 들고 있었다. 그렇게 버틴 지 얼마나 되었을까. 도저히 결백을 증명할 수 없다는 절망감이 덮쳐 왔다. 그리고 굴복하지 않으면 이 상황을 벗어날 수 없다는 것도 확실했다.

"그래요, 장날에 가지고 나가서 장사꾼한테 팔았어요. 돈을 받아서 다 까먹었어요."

거짓 자백을 하면서 서러운 눈물이 끝도 없이 흘러내렸다. 하늘이 무너지는 것 같은 느낌이었다. 아버지는 거기에서 그치지 않았다. 어디서 누구에게 팔아넘겼는지 가 보자고 했다. 근태는 꼼짝없이 아버지 손에 이끌려 장이 서는 곳까지 왔다. 그리고 적당한 데를 가리키며 그곳에 있던 장꾼에게 넘겼노라고 또다시 거짓 자백을 했다. 서러움과 억울함, 원망이 뒤섞여 온몸이 부들부들 떨렸다. 그만 콱 죽고만 싶은 마음이었다.

근태는 저녁도 먹지 않고 초저녁에 잠이 들었다. 하도 울어서 탈진한 탓이었다. 꿈을 꾸었다. 아이들이 봇도랑에서 개구리를 잡고 있었다. 주먹보다도 큰 개구리를 열 마리도 넘게 잡은 아이들이 낫을 들어 뒷다리를 잘랐다. 불에 구운 개구리 뒷다리는 닭고기보다도 맛이 있었다. 하지만 뒷다리를 자르는 일은 끔찍했다. 근태는 아이들이 권해 준 개구리 다리를 먹어 본 적은 있지만 자르지는 못했다. 때로 낫이 없을 때는 돌로 짓이겨 끊기도 했다. 내장이 나오고 몸통만 남은 채 죽은 개구리가 물에 둥둥 떠내려갔다. 그런데 그 죽은 개구리들이 갑자기 펄쩍펄쩍 뛰며 근태에게 달려들었다. 뒷다리도 없는 개구리들이 근태를 쫓아오며 지껄이는 것 같았다.

'거짓말쟁이, 거짓말쟁이, 거짓말쟁이는 벌을 받아야지, 벌을 받아야지.'

근태는 무섭기도 했지만 억울했다. 달려드는 개구리에게 주먹을 휘두르며 아니라고 소리쳤다. 그리고 꿈속에서 벗어났다. 이불이 목 아래까지 스르르 올라왔다. 어머니였다.

"그러게 좀 잘 찾아보지 그랬어요? 괜히 죄 없는 애만 날벼락을 맞았지 뭐예요."

"안주머니에 구멍이 난 줄 몰랐지 뭐요. 옷장 안에 얌전히 떨어져 있는 걸 왜 못 봤는지 모르겠소."

잠결에도 무슨 말인지 알아들을 수 있었다. 아버지가 잃어버렸다던 면도날을 찾았다는 얘기였다. 가슴속에서 바윗덩이처럼 눌려 있던 억울함이 되살아났다. 당장 일어나서 따지고 싶었지만 한편으로는 누명을 벗게 되었다는 기쁜 마음이 솟아났다. 다시 꿈도 없는 깊은 잠에 빠져들었다.

다음 날 아침, 근태는 아버지와 어머니가 어제 일에 대해 용서를 구하리라고 기대했다. 자세히 사실을 설명하고 잘못했다고, 미안하다고 할 줄 알았다. 그런데 두 분은 어색한 표정만 지어 보일 뿐 아무 말이 없었다. 아마 근태가 지난밤에 두 사람이 나눈 이야기를 듣지 못했다고 여기는 듯했다. 그럴 수는 없었다. 근태는 이 일로 깊은 상처를 입었다. 아주 나중에 어른이 되어서도 이 사건은 잊히지 않았다. 위협과 공포에 짓눌려 거짓 자백을 한 자신이 부끄럽고 창피했다. 다시는 그렇게 굴복하지 않으리라는 다짐이 어린 마음 속에 단단히 뭉쳐졌다.

뜨거운 여름날이면 날마다 또래 아이들과 동네 형들과 어울려 냇가에서 멱을 감았다. 개울 위에는 철교가 있어 하루에도 수십 차례씩 기차가 지나갔다. 나이든 형들은 기차가 지나갈 때마다 주먹으로 쑥떡을 먹이며 킬킬대곤 했다. 왠지 그 모습이 용감해 보이기도 했지만 따라하지는 못했다. 아무리 쑥떡을 먹여도 기차 안의 사람이 뛰쳐나오지는 못할 테니까 마음 놓고 하는 짓이 조금 비겁하게 느껴졌다. 그래도 동네 형들과 어울리는 일은 재미있었다. 무언가 어른스러운 비밀을 가지고 있는 것 같아 또래 아이들과 노는 것보다 우쭐해지는 기분이 들기도 했다.

맑고 시원한 물이 흐르는 냇가는 낮에는 남자들, 밤에는 여자들의 차지였다.

"근태야, 오늘 밤에는 멱 감으러 간다."

형들이 묘한 웃음을 띠며 근태더러 밤에 나오라고 했다. 잠시 무슨 소린가 했다가 언뜻 떠오르는 게 있었다. 형들이 비밀스레 나누던 이야기가 생각났다. 밤에 마을의 처녀들이 멱을 감을 때 몰래 가서 훔쳐본다는 것이었다. 묘한 긴장과 설렘을 안고 근태는 형들을 따라 밤길을 걸었다. 달빛이 어슴푸레 길을 밝혀 주는 밤이었다. 냇가에 가까이 가자, 앞서 가던 형이 발걸음을 멈췄다.

"잠깐 기다려. 기차가 지나갈 때가 되었으니까, 기차 소리에 맞추어서 잽싸게 뛰어가는 거야. 버드나무 밑에까지 달려가서 다들 엎드린다. 알았지?"

형 말대로 기차가 달려오고 다섯 명의 악동들이 일제히 냇가를 향해 뛰었다. 근태도 가슴이 터질 것 같은 기분으로 달려서 냇가의 수풀 속에 엎드렸다. 기적 소리가 멀어져 가고 물이 첨벙거리는 소리와 여자들의 웃음소리가 들려왔다. 살며시 고개를 들었다. 예닐곱 명의 여자들이 알몸으로 멱을 감고 있었다. 무엇이 우스운지 까르르, 까르르 연신 웃음을 터뜨리며 서로 물을 끼얹었다. 흐린 달빛 아래 뿌연 모습으로 보일 뿐, 누가 누군지 얼굴도 알아볼 수 없었다. 흰 그림자가 움직이는 것처럼 보일 뿐이었다. 그래도 가슴은 긴장으로 터질 것만 같았다. 옆의 형이 부스럭거리는 소리에도 퍼뜩 놀랐다. 혹시 들키면 엄청난 일이 벌어질 것 같아서였다.

근태는 얼른 돌아가고 싶었다. 기차가 또 와야 돌아갈 수 있을 텐데, 언제 올지 알 수 없었다. 입안이 타고 점점 더 불안이 심해져 갈 때였다. 근태 바로 옆에 있던 누군가가 휘이익, 휘파람 소리를 냈다. 손가락을 입에 넣어 길고 크게 내는 휘파람이었다. 근태는 놀라 자빠질 뻔했다. 얼른 그의 입을 막아 보았지만 이미 늦었다. 순간, 물소리가 멈추고 웃음소리도 멎었다. 아, 이제 큰일이 나겠구나. 근태는 울고 싶은 심정이었다. 대체 생각도 없이 휘파람을 분 동네 형이 원망스럽기 짝이 없었다.

"어떤 놈이야? 비겁하게 숨어서."

여자들의 날카로운 외침이 몇 번 이어졌다. 하지만 그걸로 그만이었다. 곧 여자들은 다시 첨벙거리며 떠들고 웃음꽃을 피웠다. 그리고 또 휘파람을 불고, 물소리가 그쳤다가 이어지고, 몇 차례나 그렇게 반복되었다. 마치 서로 그렇게 화답하기로 정하기나 한 것처럼 웃음소리와 휘파람이 어우러지고 있었다. 근태는 어쩐지 다른 세상을 보는 것 같았다. 어른들 세계를 조금 들추어 본 것 같기도 했다. 6학년 여름이었다.

나는 아버지와 달라요

중학교는 당연히 서울로 가야 한다고 생각했다. 홍태 형이 나온 경기고등학교에 들어가려면 최고 명문인 경복중학교나 경기중학교, 서울중학교 중에 한 군데를 가야 했다. 근태는 경복중학교에 응시했다. 중학교도 시험을 치르던 때였다. 종로에 있는 경복중학교는 교복도 멋있고 서울과 경기도에서 가장 공부 잘하는 학생들이 모이는 학교였다. 시험은 생각보다 어려웠다. 시험을 치르는 내내 좀 더 열심히 공부하지 않은 것에 대한 후회가 밀려왔다. 어쩌면 떨어질지도 모른다는 생각을 하니 머릿속이 더욱 하얘졌다. 아는 문제도 몇 개를 실수하고 말았다. 발표를 기다리는 기간이 한없이 길게 느껴졌다. 서울에서 대학에 다니고 있던 국태 형이 발표를 보기로 했다.

마침내 발표하는 날, 근태는 마음이 조마조마하여 집에 붙어 있을 수가 없었다. 친구들과 강가를 쏘다니다가 들어오자, 형의 모습이 보였다. 근태가 뒤에 서 있는 줄도 모르고 형은 닭장에서 똥을 치우고 있었다. 조용한 집 안과 묵묵히 일을 하는 형을 보고 근태는 경복중학교에 불합격했음을 직감했다.

'이제 어쩌지? 결국 나는 요만큼밖에 안 되는 인간이었나?'

그것은 절망감이었다. 근태는 아버지에게 애원했다.

"아버지, 한 번만 더 기회를 주세요. 재수를 시켜 주시면 꼭 경복중학교에 합격하겠어요."

아버지는 한숨만 쉬었다. 대학교와 고등학교에 다니는 형과 누나에게 들어가는 돈만 해도 만만치 않아서 근태까지 재수시킬 여유가 없었던 것이다.

"일단 이차 시험을 쳐 봐라. 청량리에 있는 광신중학교는 여기서 기차로 통학할 수도 있으니까, 시험을 보거라."

재수는 안 된다는 아버지의 말에 절망을 느끼면서 근태는 광신중학교 시험을 봤고 결과는 수석 합격이었다. 그래도 기쁘지 않았다. 합격을 하고 나서도 재수를 시켜 달라고 졸랐지만 소용이 없었다.

중학교에 다니는 동안 근태는 모자를 깊이 눌러쓰고 다녔다. 경복중학교가 아닌 광신중학교 모자를 쓴 자신의 얼굴을 아무에게도 보여 주기 싫었다. 수석으로 합격한 근태는 장학금을 받았다. 장학금은 매 학기 종로에 있는 서울시 교육청에 가서 직접 받아야 했다. 장학금을 받으러 가면 경복중학교나 경기중학교 교복을 입은 학생들과 마주치곤 했다. 그때마다 근태는 자존심이 상해 고개를 들 수 없었다.

고등학교는 경기고등학교가 목표였다. 홍태 형과 다른 형들 모두 경기고등학교를 나왔다. 다른 고등학교에 들어간다는 것은 집안에서 제일 우둔하다는 표시가 될 것만 같았다. 근태는 악바리가 되어 공부에 매달렸다. 매일 서너 시간밖에 자지 않으면서 공부를 했다. 그만 불을 끄라고 어머니가 몇 번씩 닦달을 해야 겨우 잠자리에 들었다. 졸음이 쏟아지면 약국에서 산 '잠 안 오는 약'을 먹고 버텼다. 중학교를 다니는 내내 근태는 일등을 한 번도 놓치지 않았다. 그것도 이등과 한참 격차가 나는 일등이었다. 하지만 경쟁자인 경복중학교나 다른 일류 중학교 아이들이 얼마나 공부하는지 알 수 없었기 때문에 무작정 공부시간을 늘리는 것밖에 방법이 없었다.

"아, 참 잘생겼다. 이분이야 당선은 따 놓은 거나 마찬가지겠지?"
"그 형님 되는 여운형 선생이야말로 인물이었지. 풍채 좋고 말 잘하고."

사람들이 선거 벽보 앞에 모여서 웅성대고 있었다. 근태도 어른들 틈에 끼어 길게 붙은 선거 벽보를 보고 있었다. 4·19혁명으로 이승만이 물러나고 실시되는 의원 선거였다. 사람들의 시선을 붙잡고 있는 인물은 여운홍이라는 사람이었다.

"우리 양평에서 나온 인물로 여운형 선생만 한 사람이 있나? 해방 전에 용문산에서 젊은이들을 모아 군사훈련을 시키면서 독립운동을 한 거야 다 아는 일이고."

"그런 인물을 대낮에 총으로 죽이고 말았으니, 참 아까운 일이야."

"그러게 말일세. 김구 선생도 그렇고 독립운동을 한 애국자들이 다 그렇게 가고 말았으니, 원."

어른들이 하는 이야기를 들으며 근태의 가슴이 세차게 뛰었다. 바로 이웃한 용문산에서 독립군들이 훈련을 했다는 말이 마치 전설처럼 들렸다. 언젠가 홍태 형이 용문산에 자주 갔었다는 이야기를 들은 게 생각났다. 큰형은 틀림없이 독립군 부대와 함께했을 거라는 확신이 들었다. 집으로 돌아오며 근태는 용문산 기슭에 모여 있던 젊은이들과 형의 모습을 떠올렸다. 얼굴도 모르는 이들이었지만 너무나 멋지고 훌륭하다는 생각이 구름처럼 피어올랐다. 덩달아 가슴이 터질 것 같은 기운이 용솟음쳐 어떻게 집에 왔는지도 몰랐다.

중학교 3학년 봄, 박정희라는 군인이 쿠데타를 일으켜 정권을 잡았다. 권력을 움켜쥔 젊은 군인들은 사회가 바뀌어야 한다며 세대교체론이라는 걸 들고 나왔다. 나이 든 세대들이 물러나야 한다는 것이었다. 그 세대가 물러나야 자신들의 말을 잘 듣는 사람들을 골라서 자리에 앉힐 수 있기 때문이었다. 세대교체 바람은 근태의 집에도 몰아쳤다. 갑자기 교장의 정년을 65세에서 60세로 줄여 버린 것이었다. 그때 아버지는 61세였다. 원래대로 하자면 정년을 4년이나 앞두고 있던 아버지는 갑자기 교장직을 잃게 되었다. 대학교와 고등학교, 중학교에 다니는 세 자식을 뒷바라지해야 할 처지에 직장을 잃은 아버지의 충격은 컸다. 충격은 아버지에게 심장판막증이라는 병으로 나타났다. 그 후 5년 정도 더 사시면서 아버지는 병과 가난에 시달리는 세월을 보냈다.

학교 사택에서 나오자 갑자기 살 곳도 없어졌다. 겨우 구한 집이 미아리 고개 근처의 셋방이었다. 그사이에 근태는 그토록 가고 싶었던 경기고등학교에 합격했다. 광신중학교에서 경기고등학교에 합격한 학생은 근태뿐이었다. 일류 중학교에서 온 아이들은 근태를 촌놈 취급하는 듯했다. 근태의 오기가 되살아났다.

'오냐, 내가 너희에게 지지 않을 것이다. 두고 보아라.'

2학년이 되자 근태는 반에서 일등을 차지했고 간간히 전교 일등을 하기도 했다. 조영래, 손학규라는 이름을 가진 동급생들이 서로 등수를 다투었다.

근태는 여전히 장학금을 타고 있었지만 차비가 없어 학교까지 먼 길을 걸어 다니곤 했다. 걸어 다니는 것쯤이야 얼마든지 할 수 있었다. 가장 괴로운 일은 읽고 싶은 책을 사 볼 여유가 없다는 것이었다. 아버지의 수입은 끊겨 버렸고, 국태 형이 가정교사로 들어가서 버는 얼마 안 되는 돈이 수입의 전부였다. 누나도 과외를 하여 자기 용돈을 벌어서 썼다. 그런 형편에 책을 사서 읽는다는 것은 생각할 수도 없었다.

어느 날이었다. 밖에 나갔던 아버지가 커다란 가방을 메고 들어와 숨을 몰아쉬었다.

"기어이 해 보려구요? 당신 성품에 정말 장사를, 그것도 여선생들에게 할 수 있겠어요?"

"어쩌겠소? 무슨 일이든 해야지. 퇴직금 떨어진 지가 언젠데. 애들 볼 면목이 없어 가만있을 수가 없구려."

아버지는 여자들이 신는 스타킹과 양말 따위를 팔러 다녔다. 생판 모르는 곳엔 가 볼 생각도 하지 못하고 전에 재직했던 학교에 가서 안면 있는 선생님들에게 부탁을 하는 식이었다. 안타까웠다. 가방을 메고 집을 나서는 모습이 안쓰러우면서도 아버지가 무능력하다는 생각을 지울 수 없었다. 집에 있을 때는 마을 어귀의 복덕방에서 노인들과 장기를 두곤 했다.

"얘가 우리 막내라우. 경기고등학교에 다니지."

아버지는 이미 다 알고 있는 친구들에게 자랑스레 말했다.

"아들 아니라고 해도 판박이구만 뭘. 인감증명이 따로 없어."

노인들이 웃으며 하는 말을 듣고 근태도 따라 웃었지만 속마음까지 웃는 건 아니었다.

'나는 아버지 판박이가 아니에요. 나는 아버지와는 다른 인생을 살 거라고요. 두고 보세요.'

근태가 아버지를 깊이 이해하고 진정으로 끌어안은 것은 먼 훗

날의 일이었다.

경기고등학교는 전국의 수재들이 모인 학교답게 학생들은 정치에도 관심이 많았다. 고등학교 2학년 때 있었던 대통령 선거 즈음에는 학생들 사이에 격렬한 토론이 오가기도 했다. 쿠데타를 일으킨 박정희가 약속을 저버리고 대통령 선거에 나오자, 학생들 사이에서 성토가 이어졌다.

"박정희는 군복에서 양복으로 옷만 갈아입었을 뿐, 쿠데타를 일으킨 장본인이다. 백 번 양보해서 그의 말대로 권력욕이 아닌 구국의 결단으로 쿠데타를 일으켰다면 이제 군으로 되돌아가는 것이 맞다. 민정이양이라는 약속을 지켜야 한다. 박정희가 대통령이 된다면 그 정부는 군부정권일 수밖에 없다."

똑똑하고 공부도 잘해 학생들 사이에서 리더로 인정받던 조영래나 손학규는 아직 선거권도 없는 어린 나이에도 논리가 정연하고 비판 의식이 날카로웠다. 근태는 박정희의 쿠데타로 인해 아버지가 직장을 잃는 피해를 보았으면서도 박정희를 지지하는 편이었다. 그가 내세운 경제개발5개년계획이 우리나라를 잘살게 만들 수 있는 길이라는 생각이 들었다.

게다가 박정희와 맞붙은 윤보선이 유세 중에 '미국에서 구걸 동냥을 해서라도 원조를 받아다가 국민들을 먹여 살리겠다'고 말한 대목이 너무도 모욕적이었다. 반대로 박정희는 '자립경제의 발전을 통해 우리 민생고를 스스로 해결하겠다'고 윤보선과는 정반대의 말을 했다. 윤보선의 말에 분노한 근태는 박정희가 주장하는 민족자립경제에 훨씬 호감이 갔다. 물론 나중에는 모두 거짓으로 밝혀졌지만 민족에 대한 자존심이 자라나던 고등학생 근태는 박정희가 대통령이 되는 게 낫다고 결론을 내렸다.

"선배님, 오늘 클럽 공부 끝나고 잠깐 이야기 좀 나눌 수 있을까요?"

말을 걸어온 후배는 1학년인 정운찬이었다. 근태와 운찬은 함께 성경공부를 하는 클럽에 다니고 있었다. 영어에 관심이 많아 영어회화 클럽에도 가입해 있던 근태는 영어의 뿌리는 기독교 사상이라고 생각했다. 종교로서의 기독교가 아니라 서양 정신의 근본으로서의 기독교를 깊이 이해하고 싶었다. 그래서 신약성경 공부를 하며 기독교 문명의 뿌리를 알고자 했다. 운찬은 근태를 몹시 따르는 후배였다.

"선배님, 2학년이 되면 문과나 이과를 선택해야 하는데 고민이 많아요. 원래는 이공계로 가려고 했는데, 선배님과 이야기를 나누면서 문과 쪽으로 가야 할 것 같은 생각이 들어서요."

"내가 보기에 운찬이는 이공계보다 인문사회 쪽에 더 잘 맞을 것 같아. 지금 우리 사회는 급변하는 시기야. 이런 때에는 사회를 바람직한 방향으로 변화시킬 수 있는 일이 가장 중요하다고 생각해."

"그럼 법대로 가야 할까요?"

"우리나라는 경제 발전 초기에 접어들고 있어. 이럴 때에는 법학자보다 경제학자의 역할이 훨씬 크다고 봐야겠지. 어쨌든 대통령으로 당선된 박정희가 의욕적으로 경제 발전을 추진하고 있으니까, 그 방향을 올바로 이끌어 줄 수 있는 제대로 된 경제학이 있어야 되지 않겠어?"

김근태의 충고를 들은 운찬은 경제학을 선택했다.

고등학교 내내 근태는 기본적으로 박정희의 정책을 지지하는 편이었다. 파렴치한 쿠데타 세력이라는 비판도 이해했지만, 그 사실 때문에 그들이 내세우는 경제 계획을 무조건 반대한다는 것도 옳지 않다고 생각했다. 그래서 이듬해, 한일회담 반대시위가 거세게 일어나고 경기고등학교 학생들이 교문을 뛰쳐나갈 때도 근태는 시위에 반대하는 입장에 섰다. 조영래와 손학규가 주동한 경기고등학교 시위대는 시내로 나가 시청 앞까지 이르렀다. 그들과 일, 이등을 다투던 근태의 선택은 다른 학생들에게도 관심이었다. 시위대가 교문을 나가기 전에 논쟁이 붙었다.

"언제까지 이웃 나라인 일본과 국교를 단절하고 지낼 것인가? 지난날의 원한에 얽매여 앞으로 나가지 못하는 것은 옳지 않다. 냉철하게 생각하고 판단해야 한다."

근태의 말이었다.

"일본은 아직도 식민 지배에 대한 사과를 하지 않고 있다. 정상적인 국교는 과거를 반성하고 대등한 관계에서 맺어져야 한다. 일본과 수교하면 그들은 다시 우리나라를 경제적으로 침략하려 할 것이다. 한일회담은 그 길을 합법적으로 터 주려는 매국적인 협상이다. 협상에 임하는 우리 정부의 저자세를 보더라도 우리는 이 회담을 굴욕적이라고 생각할 수밖에 없다."

시위를 준비한 학생들도 물러서지 않았다.

"우리 정부가 좀 더 당당하게 임해야 한다는 말에는 나도 동의한다. 하지만 그 정도를 가지고 해방된 지 이십 년이 지난 지금, 이웃 나라끼리 수교하여 공동 이익을 추구하자는 걸 반대할 순 없다. 그것을 반대하는 것은 오히려 우리의 열등감, 패배감 때문일 수 있다고 본다. 왜 우리를 일본과 대등하지 않다고 스스로 인정하는가?"

논쟁은 격렬하게 이어졌지만 근태의 주장은 학생들에게 받아들여지지 않았다. 근태는 두어 명의 친구와 끝까지 교실에 남았다. 그러나 얼마 안 가 근태는 자신의 판단이 잘못되었음을 통렬하게 깨닫게 된다. 그러기 위해서는 자유롭게 현실과 사회를 호흡하고 바라볼 수 있는 대학이라는 공간이 필요했다.

역사에 눈뜨다

"근태야, 너 무슨 과에 갈래?"

점점 몸 상태가 나빠져 누워 있는 시간이 많아진 아버지가 물었다. 오랜만에 밝은 목소리였다. 근태의 성적이면 들어가지 못할 과가 없었다. 흐뭇한 표정으로 묻는 아버지에게 근태는 이미 마음으로 정한 서울대 경제학과를 이야기했다.

"경제학과에 진학해서 우리나라의 미래에 도움이 되는 학자가 되고 싶습니다. 서울대에서 제일 커트라인이 높기도 하구요."

뒷말은 조금 우쭐한 기분으로 한 말이었다. 기왕 가려면 제일 들어가기 어려운 과에 들어가고 싶은 생각도 조금 있었던 것이다.

대학은 두 가지의 행복을 맛보게 했다. 자유롭게 토론하고 논쟁할 수 있는 학우들과 수십만 권의 책이 있는 도서관이었다. 김근태가 평생에 걸쳐 제일 좋아했던 것이 어쩌면 그 두 가지였다. 그 길을 따라 학자가 되고 교수가 되어 학생들을 가르치는 삶이 김근태가 가야 할 자연스러운 길이었을지도 모른다. 물론 김근태는 그 길을 가지 못했다. 시대와 역사는 그에게 다른 길을 예비해 두고 있었다.

도서관에 가면 묘한 감정이 일었다. 수많은 책에 압도당하면서도 저것들을 다 읽어서 내 지식으로 만들고 싶은 조급한 마음이 들었다. 무엇보다 도전 의식을 불러일으키는 책은 영어로 된 원서들이었다. 아직 번역되지 않아서 전문 학자나 영어를 해독할 수 있는 사람만이 읽을 수 있는 책이었다. 근태는 원서를 읽는 게 즐거웠다. 일종의 허영심도 섞여 있었지만 우리말로 된 책을 읽을 때보다 더 집중이 되고 내용을 깊이 이해할 수 있었다. 조잡하고 잘못된 번역서가 많던 시절이었다. 중학교 때부터 영어가 좋았다. 사전을 통째로 암기하다시피 하고 고등학교 때는 영어 회화 모임에도 열성적으로 참여했다. 영어는 자신이 있었기 때문에 길에서 외국인을 만나면 혹 말을 걸어오지 않을까 하는 기대로 가까이 다가가기도 했다.

『세계철학사』나 『경제사』 같은 두꺼운 책을 원서로 읽고 나면 뿌듯함과 행복감이 밀려왔다. 자신의 지식이 확장되고 세상을 보는 눈이 밝아져 가는 것을 뚜렷이 느낄 수 있었다. 영어 실력이 점점 더 늘어 가는 것 역시 가외의 소득이었다. 전혀 모르는 단어인데도 무슨 뜻인지 퍼뜩 떠오를 때, 자신이 떠올린 뜻이 정확하게 사전과 일치할 때 느끼는 희열은 놓칠 수 없는 즐거움이었다. 『독일 이데올로기』나 『세계사교정』 같은 책은 김근태의 의식을 흔들어 놓은 충격적인 독서 경험이 되었다. 해방 후에 출간되었다가 시중에서는 구할 수 없게 된 책들도 도서관에는 고이 모셔져 있었다. 그리고 그 책들을 통해 김근태는 조금씩 우리 역사와 현실에 대한 의문이 들기 시작했다.

'우리 민족의 가난과 고통은 어디서 온 것일까?'

'우리 민족은 원래 열등한가?'

'경제학을 공부하면 이런 문제들을 해결할 수 있을까?'

이런 문제의식은 김근태를 조금씩 역사에 빠져들게 했다.

'왜 우리는 일제에게 그토록 압박을 받으면서도 독립을 위해 싸우지 않았을까? 3·1운동과 이어진 청산리 전투 이후 우리는 정말 수십 년간 노예처럼 그들에게 굴종만 하고 살았단 말인가? 그렇다면 우리 민족은 정말 보잘것없는 민족이다.'

학교에서 국사 공부를 하며 늘 그런 의문을 품었다. 교과서에서도 선생님도 독립운동은 3·1운동이 전부인 것처럼 가르쳤다. 유관순 누나가 아우내 장터에서 만세를 부르고 감옥에서 고문을 받다가 죽어 간 얘기를 들으며 눈물이 나기도 했지만 그 후로 우리 민족이 독립운동을 이어가지 않았다는 사실이 도무지 믿기지 않았다. 하지만 아무도 그에 대한 의문을 풀어 주지 않았다. 당시의 국사 교육은 독립운동사를 다루지 않았고 오히려 감추려고 했다. 사회와 교육의 주도권을 쥔 자들이 친일파들인 까닭이었다.

김근태는 책을 통해 우리에게 빛나는 독립투쟁의 역사가 있음을 알게 되었다. 3·1운동 이후에 독립운동은 새롭게 발전되어 나갔고 수많은 독립운동가들이 목숨을 바쳐 투쟁한 사실을 알고 전율했다.

'아, 역시 우리 민족은 가만히 무릎 꿇고 살지 않았어. 목숨을 내놓고 싸운 수많은 분들이 있었어.'

김근태는 도서관에 앉아 남몰래 눈물을 훔쳤다. 지난날의 의문과 우리 민족에 대해 품었던 열등감이 자랑스러움으로 바뀌는 순간이었다. 그리고 민족과 민중에 대한 뜨거운 애정이 샘물처럼 솟는 것을 느꼈다. 그 샘물은 김근태가 목숨을 다하는 날까지 결코 마르지 않았다.

"여기가 어디쯤인지 아십니까?"

이마의 땀을 훔치며 가게에 들어선 김근태가 주인에게 쪽지를 보여 주며 물었다. 주소와 약도가 그려진 종이였다.

"저 아래쪽 같은데, 여긴 다 판잣집들이라 주소만 가지고 찾긴 어려울 거요."

김근태가 찾는 집은 독립운동가 안경근이 살고 있는 곳이었다. 물어 물어 겨우 찾은 집은 판잣집 중에도 허름하기 짝이 없는 집이었다.

"계십니까?"

"누구요?"

문을 열고 나온 이는 하얗게 센 머리에 굵은 주름이 진 노인이었다. 체격은 건장한 편이었지만 지팡이를 짚은 걸음이 몹시 불편해 보였다. 가슴이 울컥했다. 책으로 읽고 말로만 들은 독립운동가를 직접 눈으로 마주하고 있다는 사실에 눈시울이 뜨거워졌다.

"안경근 선생님이십니까?"

"그렇소만, 젊은이는 누구요?"

"인사드리겠습니다. 저는 김근태라는 대학생입니다. 선생님이 여기 사신다는 소식을 듣고 찾아뵙고 싶어서 왔습니다."

노인은 무언가 경계하는 눈빛으로 김근태를 살피다가 이내 표정이 누그러졌다.

"들어오시오."

좁고 침침한 방에 들어서자 김근태는 노인에게 큰절부터 올렸다. 노인도 마주 예를 하며 자리에 앉았다. 언뜻 보아도 곤궁하기 이를 데 없는 살림살이였다. 김근태는 신문의 작은 박스 기사를 보고 안경근의 소식을 알게 되었다. 안중근 의사의 사촌 동생으로 평생 독립운동을 한 안경근이 감옥살이 끝에 석방되어 수원의 어느 판잣집에서 살고 있다는 기사였다. 한창 일제강점기의 독립운동에 관심을 갖고 공부하던 김근태에게는 놀랍고도 충격적인 기사였다. 곧바로 기사를 쓴 기자에게 연락을 하여 주소를 알아낸 게 바로 전날이었다.

"선생님, 감옥에서 나오신 지 얼마 되지 않았다고 들었는데 건강은 어떠신지요?"

"몸이 문제겠소? 내가 일본 강도 놈들 감옥에서 발가락 열 개를 모두 잃어버렸지만, 이번 내 조국의 감옥에서 보낸 몇 년이 더 괴로운 것이었소. 나를 잡아서 고문하던 그때의 일제 앞잡이들이 다시 내 조국의 경찰 수뇌부가 되어 있는 이 기막힌 현실이 믿기지 않소."

기가 막혔다. 친일파들을 척결하지 못했고 그들이 여전히 우리 사회를 움직이는 권력이 되어 있다는 것을 알고는 있었지만, 일제의 경찰이 해방된 나라에서 다시 독립운동가를 잡아들인다는 사실은 도무지 받아들일 수가 없었다.

"왜, 대체 왜 이런 일이 벌어지게 된 것입니까?"

안경근은 한동안 뜸을 들이다가 입을 떼었다.

"내 사촌 형님인 안중근 의사를 알고 있습니까? 학교 교과서에는 나옵니까?"

"당연히 알고 있습니다. 교과서에도 나오고요."

"몇 해 전에 안중근 의사 숭모회라는 것도 생겼지요. 학생, 그 숭모회가 안중근 의사를 가장 모욕하고 있다는 것을 아시오?"

그런 단체가 있다는 것도 몰랐지만 안중근 의사를 모욕하고 있다는 말도 뜻밖이었다.

"그 숭모회라는 단체는 친일파들이 만든 거라오. 회장이라는 자가 바로 그 유명한 친일파인 윤치영이란 자요. 일제의 침략 전쟁을 찬양하고 부추긴 자가 안중근 숭모회 회장을 맡고 있는 게 바로 이 나라의 현실이오. 젊은이들이 이 현실을 똑똑히 보아야 합니다."

뒤통수를 세게 얻어맞은 듯했다. 어떻게 그런 일이 있을 수 있는가.

"우리 집안에서만 독립운동에 투신한 사람이 마흔 명이 넘습니다. 독립운동을 하다가 죽은 사람도 수없이 많지요. 그런데 이 나라에서 살 수가 없어 모두 뿔뿔이 흩어졌습니다. 해방된 조국에서 발붙일 곳이 없었어요. 독립운동을 한 게 자랑이 아닌 죄가 되고 말았던 거요. 나와 조카인 안민생이 해방된 조국에서 감옥살이를 한 게 그 증거 아니겠소?"

충격이었다. 독립운동을 한 게 죄라니!

"선생님, 대체 어떻게 그럴 수가 있지요? 선생님을 무슨 죄목으로 잡아갔다는 말씀이신가요?"

"박정희가 군사 쿠데타를 일으키고는 곧바로 민주 인사들을 수천 명이나 잡아 가두었습니다. 내가 4·19 후에 민주구국운동을 하고 조카 역시 평화통일운동을 했지요. 그것을 이유로 구속시켰어요. 참, 기가 막힙니다. 만주에서 독립군 때려잡던 일본군 장교가 정권을 잡고 독립운동하던 사람들을 다시 잡아들이다니, 피를 토할 일이었지요. 감옥에 들어가 보니, 우리가 일제강점기에 감옥에 써 놓았던 글귀가, 그러니까, '일본 놈들 물러가라', '조선은 조선인의 나라다' 같은 구호가 그대로 벽에 남아 있더군요. 분하고 억울해서 며칠을 땅을 치며 울었다오."

　국내에서, 만주와 중국 각지에서 수많은 분들이 일제와 싸운 가슴 벅찬 역사를 알고 나서 잃었던 민족 자존감을 되찾은 김근태는 또다시 수치심에 빠져들 수밖에 없었다. 독립운동을 한 사람은 다 쓰러져 가는 판잣집에서 끼니를 걱정하고, 일제에 빌붙어 호의호식했던 자들은 여전히 권력과 부를 누리고 있는 현실은 결단코 정의가 아니었다.

　안경근이 노기 가득한 목소리를 이어갔다.

　"지금 대통령 노릇을 하고 있는 박정희는 독립군을 잡아 죽이던 관동군 장교였던 자요. 내가 중국에서 독립운동을 하며 일제 밀정들을 색출해서 처단하는 일을 했소. 내 힘이 닿았다면 그는 당연히 처단될 대상이었소. 국무총리 정일권 역시 관동군 헌병대였소. 독립군을 토벌하던 사람들이 대통령과 국무총리를 하고 있는 이 사실은 무엇을 말하는 것이겠소? 노골적으로 일제에 붙어 매국노 짓을 했던 문화인, 지식인, 예술인, 교육자 들이 지금 이 나라의 권력층이 되어 군림하는 것을 보시오. 젊은이가 민족을 생각하고 정의를 바로 세우길 원한다면 무슨 일을 할 것인지 생각해 보기 바라오."

　참담한 심정이었다. 자세히 몰랐던 박정희에 대한 이야기는 충격이었다.

　나폴레옹을 숭배하는 보통학교 교사였던 박정희는 야망을 위해

만주의 군관학교에 들어가고자 했다. 만주국은 일본의 관동군이 세운 허수아비 나라였고 군관학교 역시 일본군 장교를 육성하기 위한 학교였다. 박정희는 '진충보국(盡忠報國) 멸사봉공(滅私奉公)'이라는 혈서를 써서 군관학교에 보내 입학시켜 줄 것을 호소하였고 결국 박정희의 입학은 허가되었다. 이 혈서는 후에 신문에까지 보도되었다. 충성을 다해 일본에 보답하겠다는 내용의 혈서를 써서 일본군을 감동시킨 박정희는 2년 만에 졸업을 하고 다시 일본 육군사관학교까지 졸업하였다. 그사이에 이름도 다카키 마사오(高木正雄)에서 오카모토 미노루(岡本實)로 바꾸었다. 다카키 마사오에 남아 있는 조선 이름의 흔적을 완전히 지우기 위해서였다. 만주군에 소위로 부임한 박정희는 평소에 말이 없다가도 '조센징 토벌 나간다'는 명령이 떨어지면 '좋다! 토벌이다!'라고 버럭 고함을 질러 일본군들조차 돌아버린 놈 아닌가 쑥덕댈 정도였다고 한다.

 그토록 일본군 대장이 되고 싶었던 박정희의 야망은 뜻하지 않은 사태로 만주군 소위라는 초라한 직책에서 멈추고 말았다. 박정희에게는 청천벽력과도 같았을 해방이 왔기 때문이었다. 일본이 망할 줄 몰랐던 박정희는 졸지에 패잔병이 되어 몇몇 한국 출신 만주군과 함께 광복군에 붙어 볼 생각으로 중국 서안으로 갔다. 거기서 만난 사람이 당시 광복군 장교였던 장준하였다. 장준하는 이들을 앉혀 놓고 크게 꾸짖었다. 박정희는 일본군에서 탈출하려 했다고 둘러댔지만 장준하 첫눈에, 일본이 패배하지 않았다면 계속

일본군으로 남아 독립군들과 싸웠을 자들임을 알았다.

"당신들이 일본군 장교였다는 사실에 대하여 통렬하게 참회하지 않으면 당신들이 몸 누일 땅 한 평도 조국에는 없을 것이오."

그러나 해방 이후의 시간은 불의가 정의를 이기고 비상식이 상식을 조롱하며, 악이 선을 압도하는 미친 시간이었다. 정직한 자는 바닥으로 떨어지고 기회주의자들에게는 출세의 동아줄이 차례를 기다리고 있었다. 박정희에게도 만주군과 일본 육사 출신이라는 출세의 동아줄이 쥐여졌다. 이 두 개의 인맥은 해방 후 우리나라 군대의 중요한 줄기였는데 이 두 가지를 모두 직접적인 연줄로 가지고 있는 사람은 박정희와 이한림 등 몇몇에 불과하였다. 그러므로 박정희의 출세는 땅 짚고 헤엄치기였다. 뼛속까지 황군의식에 차 있던 박정희는 국민들은 매로 때려야 질서를 지킨다는 신념을 가진 자였다. 훗날 박정희가 죽었을 때 한 일본인 외교관이 '대일본제국 마지막 군인이 죽었다'라고 했을 만큼 그는 철저한 황군이었다.

"선생님, 대체 왜 이렇게 되었을까요? 우리 민족은 정녕 구원받을 수 없는 걸까요?"

"아니오. 우리 민족은 다시 바로 설 수 있소. 바로 젊은이 같은 사람이 있기 때문이라오. 우리는 목숨을 걸고 독립운동을 하면서도 언제 독립을 이룰지 자신이 없었소. 하지만 옳은 길이라고 믿었기에 그 길을 갔던 것이오. 나는 4·19 때 정의를 위해 일어선 젊은 이들을 보면서 우리 민족에게 희망이 있음을 보았소. 희망을 잃지 않고 불의한 세력들과 싸워야 하오. 김근태라 했소? 내 그 이름을 기억하리다. 늙은 나 대신 이 나라를 바로 세우고 통일을 이루어 주시오."

오후의 햇볕이 따갑게 내리쬐고 있었다. 비탈길을 내려오는 김근태의 발길이 휘청거렸다. 우리 역사에 드리운 거대한 불의에 대해 눈을 감으면 자신의 삶에 대한 모독이 되리라는 확신이 머릿속을 맴돌았다.

'경제학을 배워 나라가 잘사는 길을 찾는 것보다, 잘못된 역사를 바로 세우는 게 더 중요하고 시급하다.'

첫 번째 시련

햅쑥한 얼굴에 고뇌에 찬 표정, 생각이 많았던 김근태는 친구들 사이에서 '햄릿형 운동가'라는 별칭이 붙을 정도였다. 김근태는 또한 말에 대해 예민한 감수성을 가진 사람이었다. 적절한 단어를 구사하지 않으면 오해의 소지가 생기고 뜻이 왜곡된다는 것을 어릴 적부터 의식하고 있었다. 그것은 어쩌면 성격이 정반대이고 다툼이 잦았던 부모를 보며 체득한 것일지도 몰랐다. 부적절한 말이 어떻게 상대방에게 동요를 일으키고 감정을 상하게 하는지, 혹은 상대를 배려하는 정확한 말이 얼마나 큰 힘을 발휘하는지 알고 있었다. 말에 대한 신중함, 정확한 단어의 구사는 평생 동안 김근태를 떠나지 않은 미덕이었다.

'햄릿형 운동가' 김근태를 '행동하는 실천가'로 만든 사람은 바로 당시 대통령 박정희였다. 김근태는 박정희에 대해서 안경근으로부터 듣기는 했지만 그의 실체에 대해서는 믿기 힘들었다. 그런데 박정희는 조금씩 자신의 본색을 드러내기 시작했고, 독재자 박정희의 꿈은 진보적 학생들의 저항에 부딪칠 수밖에 없었다. 그 저항의 중심에 김근태가 있었다. 김근태는 당시 상대 '경제복지회'에서 활동하면서 상대 대의원회 의장을 맡고 있었다.

장기집권을 꿈꾸던 박정희는 1967년에 열린 국회의원 선거에서 대대적인 부정선거를 감행하였다. 박정희에게는 여당이 국회에서 절대 다수를 차지하는 게 절박한 과제였다. 당시 헌법은 대통령을 두 번까지만 할 수 있도록 정해 놓고 있었다. 헌법을 바꾸지 않는 한 박정희는 2년 후에 물러가야 할 처지였다. 하지만 이미 장기집권을 계획한 박정희는 헌법을 바꾸어서라도 대통령을 계속하기로 작정했다. 헌법을 바꾸자면 여당 국회의원이 많이 당선되어야 하기 때문에 선거에서 필사적일 수밖에 없었다. 박정희 정권은 돈과 권력을 동원하고 공개 투표, 대리 투표 등 온갖 선거부정을 저질렀다. 이승만 정권이 저지른 3·15부정선거에 버금가는 규모였다.

학생들의 분노는 컸다.

"학우 여러분, 박정희 정권은 민주주의의 기초인 선거를 부정과 타락으로 오염시켰습니다. 우리는 이 민주주의의 파괴에 대하여 강력히 규탄하며 선거가 무효임을 선언하는 바입니다. 정부는 국민 앞에 사죄하고 부정선거 관련자를 엄중하게 처벌하기를 요구합니다. 자유롭고 깨끗한 재선거가 이루어질 때까지 우리는 끝까지 투쟁할 것입니다."

6월 10일, 상대생들이 모인 자리에서 김근태가 열변을 뿜었다. 이마에 끈을 질끈 동여맨 김근태의 목소리는 단호했다. 그는 이번 싸움에서 자신이 어떤 탄압을 받게 될 것인지 알고 있었다.

여러 가지 생각이 떠올랐다. 지난해에 세상을 떠난 아버지, 만약에 살아계셨더라면 학생운동에 앞장선 자신을 어떻게 보았을까. 더구나 퇴학을 당하거나 감옥에 끌려가게 된다면, 차라리 그 모습을 보지 않고 돌아가신 게 다행인지도 몰랐다. 어머니는 어떡하든 견딜 것이라고 믿었다. 아들이 잘못된 길을 선택하지 않았음을 아실 테고 또 워낙 강한 분이니까. 형은 과연 어떻게 받아들일까? 군대에 갔다 와서 취직을 한 형은? 교사가 될 줄 알았던 국태 형은 현대문학사에 취직해 있었다. 문학에 대한 열망은 알고 있었지만 형이 문학잡지사에 취직한 것은 뜻밖이었다. 형은 김근태를 이해해 줄 것 같았다. 형도 4·19 때 시위에 나섰던 사람이니까.

'그래도 운이 좋으면 정학 정도 처분으로 그칠지도 모른다. 교수님들은 대체로 나를 좋아하니까, 적극적으로 나를 변호해 줄 가능성이 크다. 무사히 대학을 졸업할 수 있으면 좋겠다. 하지만 졸업이 최선은 아니다. 지금은 성공적으로 시위를 이끄는 게 최선이다.'

마음속에서 이런저런 갈등이 수없이 떠올랐다가 가라앉곤 했다.

부정선거 규탄 시위는 여러 학교로 퍼져나갔다. 고등학교와 대학교에서 단식 투쟁을 하는가 하면 여러 대학의 학생들이 연대하여 '부정부패 일소 전국학생투쟁위원회'를 조직하였다. 김근태는 날마다 학생들을 이끌고 시위에 나섰다. 학교 측은 주동자인 김근태를 제적시켰고 곧 경찰서로 끌려갔다. 그곳에서 김근태는 처음으로 공권력의 폭력을 마주하게 된다.

"이 빨갱이 같은 새끼들!"

경찰들의 발길질, 주먹질이 이어졌다. 평생 처음 당하는 무자비한 구타였다. 김근태는 마주 주먹을 휘두르며 몸부림치다가 쓰러졌다. 그들의 폭력에 맞서 싸운다는 것은 애초부터 불가능했다. 그러나 아무 저항 없이 가만히 맞는다는 것은 인간적인 치욕이었다.

"당신들은 나를 때릴 수 없다! 이것은 불법적인 폭력이다. 어떤 경우에도 경찰이 민간인을 폭행할 수 없다!"

김근태는 맞으면서 소리쳤다. 소용없는 줄 알면서도 그렇게라도 외치지 않으면 견딜 수가 없었다. 학교에서 배우고 헌법에 명시된 민주주의가 아무렇지도 않게 유린되는 현장에서 김근태는 온몸이 아픈 것보다 더 큰 분노와 슬픔이 밀려왔다.

"김근태, 징집영장이 나왔다. 곧바로 논산훈련소로 가게 될 것이다."

구치소에 갇힌 채 재판을 기다리던 김근태에게 뜻밖의 소식이었다. 갑자기 군대라니. 영장이 나온 것은 김근태뿐만이 아니었다.

잡혀 온 학생들 대부분이 동시에 영장이 나왔다. 소위 '강제징집'이 시작되었고 이번이 그 첫 번째 케이스였다. 정부 당국은 학생들의 시위를 이끄는 운동권 학생들을 학교에서 떼어 놓기 위해 강제로 군대에 보내는 방법을 생각해 냈다. 3년 동안 학교로부터 격리되면 일반 학생들의 시위가 잦아들고 군대에 가 있는 동안 그들을 괴롭혀서 다시는 학생운동을 하지 못하게 하려는 의도도 있었다.

다시 학교로

김근태는 인천의 국군수송사령부에서 꼬박 3년간 군대 생활을 했다. 지루하고 답답했지만 씩씩하게 견디어 냈다. 정작 참을 수 없이 괴로운 것은 밖에서 벌어지는 일들이었다. 김근태가 군대에 있는 동안에 끔찍한 일들이 연이어 터졌다. 박정희는 대통령의 연임을 금지하던 법을 연임이 가능하도록 바꾸는 3선개헌을 시도했다. 이를 반대하는 사람들에게 공포 분위기를 조성하기 시작하더니 연이어 간첩 사건이 터졌다. 1968년에는 정부수립 후 최대의 간첩 사건이라는 통혁당 사건을 발표했고 주동자로 몰린 사람들은 모두 사형에 처해졌다. 유럽간첩단 사건, 민족해방전략당 사건 등 이름만 들어도 무시무시한 사건이 연달아 발표되고 사형이 집행되었다. 조작된 사건으로 억울하게 죽어 가는 사람들을 보며 국민들은 공포에 사로잡혔다. 국가안보라는 미명하에 장기집권을 위한 3선 개헌이 통과되었다. 박정희는 자신의 손으로 4년 중임제를 만든 지 6년 만에 다시 헌법을 뒤집어엎었다.

일제강점기에 행하던 천황에 대한 충성맹세문을 본받아 국민교육헌장을 만들어 학생들에게 외우게 한 것도 이해였다. 대학에도 교련 수업을 필수과목으로 집어넣었다. 교련은 대학생들에게 군사훈련을 시키는 것이었다. 박정희는 그 자신이 전체주의에 매혹된 파시스트였다. 일사불란한 군대 체제를 끊임없이 사회에 적용하려 했고 마침내 자유와 진리를 추구하는 대학마저도 병영처럼 만들고자 했다.

군대에서 이 같은 소식을 들을 때마다 김근태는 분노와 절망에 몸을 떨었다. 박정희 정권이 자행하는 반민주주의적 폭거는 세계에서 유례를 찾을 수 없을 만큼 혹독하고 잔인했다. 제2차세계대전 후에 사라졌던 파쇼 체제가 대한민국에서 부활하고 있었다. 김근태는 상황을 지켜보며 끊임없이 글을 썼다. 물론 누군가에게 보여 주거나 발표할 수는 없었다. 정세에 대한 분석과 사회비평 등을 자신에게 맞는 글쓰기 방식으로 꾸준하게 연습하였다. 쓴 글들은 곧바로 태우거나 잘게 찢어 버렸다. 내면에 간직하고 있는 따뜻함과 부드러운 감성이 스며 있는 김근태 특유의 문장들이 그렇게 완성되어 갔다.

군대를 제대하는 날, 그토록 무거웠던 군화가 날개라도 달린 것처럼 날아갈 듯 가벼웠다. 마침 학교에서는 제적된 학생들이 다시 돌아올 수 있는 길을 터 주었다.

'조금 더 긴 호흡으로 생각해 보자. 한 인간이 모든 것을 다 할 수는 없다. 당연히 내가 가장 잘할 수 있는 일을 해야 한다. 그것이 무얼까?'

김근태는 학자가 되고 싶었다. 양심과 실력을 갖춘 제대로 된 학자로서 학생들을 가르치는 일이 진정으로 김근태가 가고 싶은 길이었다. 1970년 8월, 김근태는 다시 학교로 돌아왔다. 그러나 그를 기다리고 있는 것은 공부할 수 있는 분위기가 아니었다.

"근태 형, 형이 돌아왔으니까 당연히 학생운동을 이끌어 주셔야죠."

"지도부 구성이 시급합니다. 교련 반대 투쟁과 다가오는 대선 국면에서 학생들의 역할을 극대화하기 위해서 형이 나서 주세요."

돌아온 김근태에게 여러 가지 제안이 들어왔다. 모두 운동의 주도적 역할을 해 달라는 주문이었다. 김근태는 선뜻 응하지 않고 숙고에 들어갔다. 독재를 반대하고 민주주의를 위해 싸우라는 신념이 변할 리는 없었다. 그러나 한편으로는 완전히 운동에 발목이 잡혀서 자신의 꿈을 펼칠 수 없을지도 모른다는 불안도 있었다. 고민은 깊었지만 오래가지는 않았다.

"청계천 평화시장에서 한 노동자가 분신했소!"

놀라운 소식을 전한 사람은 법대 학생회장인 장기표였다. 김근태는 그길로 평화시장으로 달려갔다. 청계천은 학교가 있던 혜화동에서 한달음에 달려갈 수 있는 거리였다.

'자기 몸에 불을 지르고 죽다니! 아아, 어떻게 그럴 수 있단 말인가?'

충격을 넘어 온몸이 덜덜 떨려 왔다. 상상조차 하지 못한 일이었다. '노동자도 인간이다, 노동자는 기계가 아니다'라는 외침은 김근태를 뒤흔들었다. 꽉 막힌 공장에서 하루 열네 시간씩 고달픈 노동에 시달리는 노동자의 존재를 알지 못했다는 자책이 가슴을 쳤다.

'겨우 열다섯, 열여섯의 어린 노동자들이 죽음과 같은 고통에 시달리고 있을 때, 우리가 외친 민족이니 민주주의는 다 무엇이었단 말인가? 그들을 외면하고 외치는 자유니, 민주주의니 하는 것은 다 가짜다!'

전태일을 통해 처절한 노동 현실을 알고 난 김근태는 충격과 함께 커다란 깨우침을 얻었다. 민중의 삶과 함께하는 운동, 노동자나 농민처럼 가장 낮은 곳에서 고통받는 사람들과 함께하는 삶이었다.

김근태는 교수의 꿈을 접고 다시 운동에 적극적으로 뛰어들었다. 학생운동을 하면서 당시 유행하던 농촌활동 대신 공장활동을 착안하고 실행에 옮기기 시작한 것도 그였다. 김근태는 일제강점기 독립운동을 연구하면서 지식인이나 학생이 노동자들과 연계해 투쟁하는 것에 대해 깊은 감명을 받았다. 학생들이 공장으로 들어가 함께 일하면서 노동운동을 발전시킬 수 있다고 믿었다. 자신도 그 길을 갈 마음의 준비가 되어 있었다. 그래서 진로에 대해 상담하는 운동권 후배들에게 공장행을 권유하곤 했다.

1971년, 대학가는 다시 반정부 시위가 불타올랐다.
4월 27일에 있었던 대통령 선거에서 박정희는 근소한 차이로 김대중을 누르고 당선되었다. 하지만 곳곳에서 부정과 불법으로 의심되는 사례가 발견되었다. 학생들은 부정선거로 규정하고 투쟁에 나섰다. 서울대생 900여 명이 교문을 나와 도심 길거리까지 진출하는 시위에 나섰고 김근태가 앞장섰다. 부정선거를 규탄하고 교련 반대를 외치는 학생들의 함성에 독재정권은 위수령으로 화답했다. 대학에 군인들이 진주하여 학생들의 움직임을 원천 봉쇄한 것이었다. 그에 더 나아가 '서울대생 내란음모사건'이라는 어마어마한 죄목의 사건을 조작하기 시작했다.
"서울대학생 다섯 명이 나라를 뒤집어엎으려고 했다고? 소가 웃을 일이네."
"그러게 말야. 무언가 꿍꿍이가 있어서 하는 수작일 게야."
사람들은 말이 되지 않는 사건에 대해 수군거렸다. 중앙정보부는 사건의 내용을 발표했다.
"서울대학교 학생인 김근태, 장기표, 심재권, 이신범과 사법연수원생 조영래 등 5인은 지난 대통령 선거를 전후로 교내와 하숙집

등에서 모의, 학생 데모를 일으켜 경찰과 충돌을 유도하고, 이때 사제 폭탄을 사용해 중앙청을 습격해 장악하고, 이어 정부를 전복하려 했다. 이들은 현 정부를 전복한 뒤 '민주혁명위원회'를 구성, 대선에서 패배한 김대중 씨를 위원장에 추대하고, 부정부패자 처단을 위한 '혁명입법'까지 미리 만들어 놓았다."

그러면서 이를 '9단계 국가전복계획'이라고 했다. 사람들은 이 해괴한 계획에 대해 학생들을 옭아매려는 '희망의 아홉 고개'라고 비웃었다. 이는 3선개헌 이후 시작된 민주주의 수호 운동을 탄압하기 위한 조치였고 '국가비상사태'를 선언하기 위한 빌미에 불과했다.

다섯 명의 주모자 중에 김근태만 체포를 피해 잠적했다. 그때부터 박정희가 부하의 총에 쓰러지는 날까지 기나긴 도피와 수배가 시작되었다. 잡힌 네 사람은 '내란음모'에 걸맞지 않게 1, 2년 안에 모두 석방되었다. 행방을 감춘 김근태에게는 '공소 외'라는 별명이 붙었다. 재판 때마다 검사가 '공소 외 김근태'라고 불렀기 때문이기도 했지만, 언제까지 잡히지 않기를 바라는 마음이 붙인 별명이기도 했다.

나의 길을 갈 수 있을까

서울의 어느 국밥집, 아침을 먹기에는 조금 늦은 9시 반경이었다. 하얗고 긴 얼굴의 청년이 식당 한구석에서 국밥 그릇을 앞에 두고 있었다. 국밥은 식어 가는데 수저를 든 청년의 손은 가끔씩 그릇으로 향할 뿐이었다. 날카롭게 빛나는 눈이 향한 곳은 텔레비전이었다. 곧이어 정부에서 중대 발표를 한다는 안내 방송이 거듭되고 있었다. 작은 국밥집에는 텔레비전을 보려고 많은 사람들이 몰려 있었다. 서울이라 해도 변두리에 사는 사람들은 집에 텔레비전이 거의 없던 시절이었다. 청년도 몇 군데의 식당을 기웃거리다가 텔레비전이 있는 국밥집을 발견하고 들어온 참이었다.

'도대체 무엇일까? 이미 국가비상사태까지 선포한 저들이 무슨

더한 것을 발표할 게 있을까? 또 간첩조작사건일까? 그렇다 해도 이 정도로 호들갑을 떨지는 않을 텐데.'

청년은 다름 아닌 도피 중인 김근태였다. 조여 오는 수사망을 피하고 다닌 지 벌써 8개월째였다. 잠시도 마음을 놓을 수 없는 칼날 같은 긴장 속에서도 김근태는 도망 다니는 요령을 점점 터득하고 있었다.

마침내 텔레비전 화면에 등장한 자는 이후락 중앙정보부장이었다. 김근태는 바짝 긴장했다. 중앙정보부장이 직접 나와서 발표하는 거라면 무언가 중대한 사안임에 틀림없었다.

"최근 평양과 서울에서 남북 관계를 개선하며 갈라진 조국을 통일하는 문제를 협의하기 위한 회담이 있었다."

이후락의 입에서 나온 첫 마디는 귀를 의심케 하는 내용이었다.

"서울의 이후락 중앙정보부장이 1972년 5월 2일부터 5월 5일까지 평양을 방문하여 평양의 김영주 조직지도부장과 회담을 진행하였으며, 김영주 부장을 대신한 박성철 제2부수상이 1972년 5월 29일부터 6월 1일까지 서울을 방문하여 이후락 부장과 회담을 진행하였다."

점점 놀라운 내용이 이어졌다.

"조국 통일을 위하여 쌍방은 다음과 같이 완전한 견해의 일치를 보았다. 첫째, 통일은 외세에 의존하거나 외세의 간섭을 받지 않고 자주적으로 해결한다. 둘째, 통일은 무력에 의거하지 않고 평화적

방법으로 실현한다. 셋째, 사상과 이념, 제도의 차이를 초월하여 한 민족으로서 민족적 대단결을 도모한다⋯⋯."

하늘이 놀라고 땅이 움직일 만한 발표였다. 김근태는 발표 내용을 그대로 머릿속으로 외웠다. 이어진 7개 항의 합의도 한 치의 불합리함을 찾을 수 없는 완벽한 내용이었다. 평소 김근태가 꿈꾸어 왔던 통일에 대한 생각과도 일치했다. 아니, 통일에 대한 자신의 생각을 일목요연하고 완전하게 정리해 놓았다고 할 정도였다. 감격이었다. 저도 모르게 눈물이 쏟아졌다. 반쯤 남은 국밥 그릇 속에 눈물이 방울져 떨어졌다. 국밥집에 모여 있던 사람들도 만세를 부르며 서로를 부둥켜안았다. 발표문대로라면 1, 2년 안에 통일이 이루어질 수도 있었다. 국밥집 주인이 막걸리를 내왔다. 흥분한 사람들이 목청을 올려 가며 통일을 얘기하고 있었다. 김근태는 밖으로 나왔다. 7월의 하늘도, 멀리 북한산의 짙어진 녹음도 조금 전과 달라진 느낌이었다. 어디로 가는지도 모르고 무작정 발걸음을 옮겼다. 이른 시간인데도 식당과 술집에는 사람들로 가득 차 있었다. 놀라움과 흥분이 뒤섞인 소리가 흘러나올 때마다 무작정 들어가 어울리고 싶은 심정이 되곤 했다.

'자주, 평화, 민족대단결!'

그 세 마디가 자꾸만 입안에 맴돌았다. 맴돌던 말은 울컥 눈물이 되어 흘러내렸다. 이렇게 올바르고 명료하게 통일의 방향을 잡아낸 사람이 정녕 박정희라면 그에게 고개를 숙일 수도 있을 것 같았다.

4·19 후의 단 일 년을 제외하면, 통일은 민족 최대의 소원이면서도 논의 자체가 금지된 단어였다. 정부 수립 후에는 호전적인 이승만 정권의 북진통일론에 놀아나야 했고 전쟁 후에는 통일 논의 자체가 빨갱이로 몰리는 지름길이었다. 조봉암을 비롯한 수많은 사람들을 죽음으로 내몬 이승만의 논리는 그들이 평화통일을 주장했다는 것이었다.

  박정희도 다르지 않았다. 쿠데타로 정권을 잡자마자, 그는 통일 운동가들을 잡아들였으며 평화통일의 논조를 유지하던 『민족일보』 조용수 사장을 사형시키기까지 했다. 특히 박정희가, 그의 형인 박상희의 친구이자 자신의 결혼식에 주례를 섰던 황태성이 통일 방안을 논의하기 위해 이북에서 밀사로 내려왔을 때, 조금도 망설이지 않고 간첩으로 몰아 사형시킨 일을 김근태는 알고 있었다. 그랬던 박정희가 7·4남북공동성명을 발표하자 커다란 충격에 빠진 것은 당연했다.

  '혹시 그가 이렇게 통일을 이루기 위해 그동안 자신의 정체를 숨기고 권력을 강화시킨 것은 아닐까? 박정희가 가진 본심이 민족통일이었다면 내가 그를 반대해서 한 행위는 역사적으로 철부지 짓이 되어 버리는 거 아닌가?'

  길을 걸으며 온갖 생각이 떠올랐다. 김근태가 그토록 충격을 받은 데에는 통일에 대한 열망이 강했기 때문이었다. 부정과 불의가 판치게 된 원인은 근본적으로 민족의 분단에 있었다. 친일파가 득

세하게 된 것도 따지고 보면 분단 때문이었다. 남북이 이념적으로 대립한 틈새에서 친일파들은 재빨리 친미와 반공으로 변신하여 권력을 이어 갈 수 있었다. 자유와 민주주의를 요구하는 목소리를 북한을 이롭게 하는 행위라는 한 마디로 억눌러 온 세월이었다. 민주주의를 가로막는 가장 큰 장애가 바로 분단이었다. 7·4남북공동성명에서 천명한 대로 통일이 이루어진다면 민족의 운명에도, 자신의 삶에도 중대한 전기가 될 것이었다. 김근태는 다시 한 번 학자의 길에 대해 생각하기 시작했다.

"형, 부탁이 있어. 나 대신 서울대 경제학과 대학원에 지원서를 접수해 줘."

김근태는 형에게 전화를 걸었다. 형은 여전히 현대문학사에 다니고 있었고 정식으로 소설가로 등단한 후 활발하게 작품 활동을 하고 있었다.

"어떻게 지내냐? 몸은 성하니?"

형은 도망 다니는 동생이 안쓰러웠지만 아무것도 해 줄 수 없었다. 괴로움을 잊으려 술을 마시는 날이 많아지고 있었다.

"남북공동성명도 발표되고, 잘 진행되어서 통일이 되면 나는 학자가 되어서 통일된 조국에 기여해야지. 그런데 우선은 나에 대한 수배 조치가 어떻게 되었는지 알 수 없으니까, 형이 접수를 해 줘. 별탈이 없으면 대학원에 진학해서 공부를 할 거야."

김근태는 수배 중에 대학을 졸업할 수 있었다. 그를 아끼는 교수들이 우편으로 논문을 접수하여 학점을 주고 또 졸업까지 시켜 준 것이었다. 수배만 풀린다면 대학원 진학에 아무 문제가 없었다.

　김국태는 동생의 부탁대로 지원서를 냈고 시험 당일에 수험표를 가지고 학교로 향했다. 그런데 이미 학교에는 형사들이 쫙 깔려 있었다. 지원서를 냈다는 사실을 안 형사들이 김근태가 나타나면 체포할 준비를 갖추고 있었던 것이다. 수험표를 든 김국태는 혹시 동생이 나타날까 안절부절못했다. 다행히 김근태는 끝내 나타나지 않았다. 실은 먼 데서 이런 상황을 다 지켜보고 결국 시험을 포기한 것이었다. 김근태에 대한 수배는 풀리지 않았고 마지막으로 품었던 학자의 꿈도 그렇게 물거품이 되었다. 그리고 곧 돌이킬 수 없는 사건이 터졌다.

유신의 폭압 속으로

남북공동성명을 발표한 지 불과 석 달 후 박정희는 돌연 군부대를 동원하여 국회를 해산하고 비상계엄을 선포하였다. 모든 집회와 시위가 금지되고 대학에는 휴교령이 내려졌다. 5·16쿠데타를 일으킨 지 11년 만에 박정희는 또 한 번 헌정 질서를 뒤집어엎는 쿠데타를 감행했다. 유신체제의 시작이었다. 이유는 명백했다. 3선 개헌으로 현행법상 더는 대통령을 할 수 없으니까 또 헌법을 바꾼 것이었다. 유신헌법은 대통령을 국민이 아닌 통일주체국민회의라는 거수기 집단이 뽑도록 했고 그 회의의 의장은 다름 아닌 대통령인 박정희였다. 임기도 6년으로 늘렸고 연임 제한이 없는 종신제였다. 박정희는 마침내 히틀러가 가졌던 직위인 총통이 되었다. 삼

권분립이라는 민주주의 원칙이 깨지고 국회의원과 판사를 대통령이 임명하는 실질적인 총통제였다.

　김근태가 눈물을 흘리며 감격했던 7·4남북공동성명은 국민을 속인 거짓이었다. 유신체제를 통해 영구적으로 집권하기 위한 사전 조치에 불과했던 것이다.

　김근태는 분노했다. 이토록 철저하게 민주주의를 유린할 수 있다는 게 믿기지 않았다.

　국민적인 분노가 끓어올랐지만 살벌한 공포 분위기 속에서 떨쳐 일어나기는 쉽지 않았다. 대한민국은 꽁꽁 얼어붙은 한겨울의 땅이 되었다. 그러나 언제까지 겨울이 이어질 수는 없었다. 이듬해 봄, 전남대학교에서 유신 철폐를 주장하는 유인물이 뿌려진 것을 시작으로 유신체제에 항거하는 움직임이 서서히 일어나기 시작했다. 박정희는 유신에 저항하는 어떤 움직임도 용납할 수 없다는 듯 광기 어린 행동을 서슴지 않았다. 일본에서 반유신 활동을 하던 김대중을 납치하여 끌고 오는 사태를 일으키기도 했다.

　대학가에서 일어난 시위는 서울대에서 시작되었다. 유신이 선포된 지 일 년이 지난 1973년 10월이었다. 김대중 납치사건에 대한 진상규명, 중앙정보부 해체, 학원자유 보장 등을 촉구하는 선언문 낭독과 농성이 계속되었다. 유신 선포 1년 만에 박정희는 다시 대학생들의 거센 도전과 마주하게 된 것이었다. 서울대생들을 시작으로 전국의 대학에서 반정부 투쟁의 열기가 뜨겁게 달아올랐다. 김근태는 학생들의 투쟁에 공개적으로 합류하지는 못했지만, 핵심적인 후배들과 연결되어 간접적으로 투쟁을 도왔다.

박정희는 자신에 반대하는 어떤 움직임도 참지 못했다. 학교 안에서 일어나는 시위에 대해서도 가혹한 탄압을 서슴지 않았다. 독재자는 겉으로는 강한 것처럼 보이지만 내면적으로는 늘 두려움에 떠는 존재이다. 자신의 통치 행위가 잘못되었다는 것을 알고 있으므로 그 잘못이 국민들에게 폭로되는 것을 항상 두려워한다. 박정희는 특히 그 강도가 심했다. 그는 자신을 반대하는 사람들에 대해 치 떨리는 증오심을 가지고 있었다. 그 증오심은 국가권력을 통해 잔인하게 발휘되었다.

유신과 박정희를 반대하는 대학생들의 함성은 전국으로 퍼져 나갔고 서울대학교를 주축으로 전국의 대학을 잇는 투쟁 조직이 생겨났다. '전국민주청년학생총연맹(민청학련)'이라는 이름으로 전국에서 동시에 대규모 시위를 벌이려는 계획이 무르익었다. 그러나 1974년 4월 3일로 계획된 대규모 시위는 실패로 끝났다. 이미 사전에 정보를 알아챈 경찰들이 학교를 뒤덮었고 이들을 탄압하기 위해 긴급조치4호가 발령되었다. 긴급조치4호에는 민청학련에 관련된 일체의 활동에 대해 비상군법회의에서 사형으로 처단할 수 있다는 무시무시한 내용이 담겨 있었다. 그리고 실제로 8명에게 사형을 집행했다. 대학생들을 배후조종했다는 혐의로 처형된 사람들은 '인혁당재건위'라는 조작된 사건의 희생자였다. 이들뿐 아니라 학생들에게도 사형, 무기징역 등의 중형이 내려졌다. 일제강점기 때, 3·1운동의 민족대표였던 손병희가 일제로부터 받은 형량이 3년 징역이었던 것과 비교하면 이들이 얼마나 가혹한 처벌을 내렸는지 알 수 있다.

사형을 선고받은 학생들이 대법원에서 감형되어 목숨을 건진 데 반해서 인혁당 관련자 여덟 명은 판결이 내려진 지 채 하루도 지나지 않아서 사형이 집행되었다. 세계 사법 사상 유례가 없는 신속한 집행이었고 이는 대통령 박정희의 지시 없이는 불가능했다. 이들에 대한 혹독한 고문과 사건의 조작을 폭로한 김지하 시인은 감옥에 갇혔다.

칠흑처럼 어두운 시대였다. 1975년 4월 12일, 유신의 어두운 손길에 여덟 명이 억울한 죽음을 당하고 이틀이 지난 후, 서울대학교 농대에서 시국 성토대회가 열렸다. 세 번째 연사로 단상에 오른 사람은 축산과의 김상진이었다. 그는 준비한 선언문을 읽어 가다가 갑자기 칼을 꺼내들었다.

"유신을 철폐하라! 학우여, 민주주의는 투쟁의 산물이다! 민주주의를 위해 싸우자!"

피 끓는 절규를 토해 낸 김상진은 칼로 자신의 왼쪽 배를 찔렀다. 김상진은 다음 날 숨을 거두었다. 그의 시신은 유신 정권에 의해 장례식도 없이 강제로 화장되었다. 김상진은 민주주의를 외치며 자결한 최초의 대학생이었다. 김상진의 죽음은 대학생들에게 큰 충격이었다.

그 무렵 김근태는 여전히 수배 중이었지만, 쫓는 발길이 느슨해졌다는 것을 알아차렸다. 워낙 여러 해 동안 잡히지 않고 도망 다니다 보니 직감적으로도 알 수 있었고 경찰 쪽에서 흘러나오는 정보를 통해서도 확인할 수 있었다. 계속되는 반유신 투쟁에 경찰 인력을 집중하느라 수배자를 쫓는 일이 소홀해질 수밖에 없기도 했다. 더구나 같은 사건으로 구속되었던 동지들이 모두 석방되었기 때문이기도 했다.

"근태야, 집에 잠깐 들를 수 있겠니? 밤늦게라도 말이다."

갑작스레 형에게서 연락이 왔다.

"알겠어요. 적당히 때를 봐서 들르지요."

어둠을 틈타 골목으로 접어들면서 김근태는 날카롭게 신경을 곤두세웠다. 여차하면 두세 명쯤 때려 눕히고 달아날 심사로 팔다리도 팽팽하게 긴장되었다. 다행히 대문에 이르도록 아무 일도 없었다. 초인종을 누르자 기다리고 있었다는 듯 곧 형이 나타났다. 훅, 술 냄새가 끼쳐 왔다.

"무슨 일이에요? 집에 무슨 일이 있어요?"

앉자마자 김근태가 다급하게 물었다. 그때 문이 열리더니 형수가 들어왔다.

"지은이 좀 재워 놓고 오느라고요. 얼굴이 많이 상하셨네요. 얼마나 고생이 많으세요?"

"아, 지은이가 잠들었군요. 많이 컸을 텐데, 이따 얼굴이라도 보고 가야겠네요."

아직 돌이 되지 않은 첫 조카 지은이는 백일 무렵에 한 번 본 게 다였다.

"여보, 술상 좀 다시 보구려. 좀 기름진 안주가 있으면 좋으련만."

"저는 괜찮아요. 오래 있을 수도 없고요. 그런데 무슨 일이에요?"

형 김국태는 말없이 소주잔만 기울였다. 그러더니 뜻밖에 으흐흑, 하고 울음을 토했다. 당혹스런 일이었다. 흐느끼며 울던 형이 다시 술잔을 입에 털어 넣었다.

"이걸 봐라. 이게 뭔지 아니?"

형이 가리킨 것은 회색빛 자루였다. 들어올 때부터 형 옆에 있었지만 유심히 보지 않았었다.

"이게 아버지다. 우리 아버지! 어머니가 남한강에 뿌리자는 걸 내가 집으로 모셔 왔다. 그냥 보내 드릴 수가 없어서 집으로 모셨단 말이다. 근태야, 내가 왜 그랬겠냐? 왜 아버지 뼛가루를 모셔 왔겠냐?"

술을 마시면 오히려 말수가 줄어드는 형이었다. 그런데 그날은 달랐다. 울다가 술을 마시고 또 울음을 쏟았다.

"벌써 며칠째 저렇게 아버님 분골을 놓고 술을 드셔요. 그러더니 도련님도 봐야 한다고 연락을 하셨어요."

아버지의 산소를 이장해야 할 사정이 생겼고 그 바람에 화장을 하기로 했다는 소식은 알고 있었다. 원래 산소는 작은아버지가 농사짓던 언덕에 있었는데 땅을 팔게 되면서 묘지도 이장을 하게 되었다. 이장과 화장을 형 혼자 다 해야 했다.

"산소를 열고 관을 뜯었는데 말이다. 아버지가 그대로 누워 계시더라. 뼈만 남았는데도 아버지의 모습이 그대로 보이더라. 작고 힘없던 아버지, 자식들에게 효도는커녕 무능하다는 탓만 들었던 아버지가, 백골이 된 아버지가 비로소 내게 말을 걸었다. 아버지가 산 세월이 서럽고 무서웠다고. 그 세월을 사느라 더욱 작아졌다고. 아, 나는 아버지에게 죽을죄를 지었던 거다."

두서없는 말 속에 오히려 아픔이 진하게 배어 있었다. 김근태도 소주잔을 비웠다.

"그렇다고 불효한 게 후회되어 우는 건 아니다. 그래, 이런 시대에 태어나 효, 불효를 생각하는 것도 사치지. 나는 말이다. 아버지의 삶이 비로소 이해되어 슬프다……."

형과 몇 잔의 술을 더 마시고 조카의 잠든 얼굴을 본 다음 김근태는 밖으로 나왔다. 아버지……, 어두운 골목을 빠져나오며 김근태는 몇 번 그 이름을 불러보았다.

비밀리에 연락이 온 것은 형을 만나고 온 지 며칠이 지난 후였다. 인혁당 관련자들이 사형에 처해진 후 김근태는 마음이 격앙되어 일이 손에 잡히지 않았다. 그 무렵은 보일러를 만드는 작은 공장에 취직했다가 몇 달 만에 나온 상태였다. 일도 힘들거니와 사장이 무언가 이상한 낌새를 챈 듯해서였다. 위조한 신분증과 가명으로 취직했던 공장이었다.

김근태에게 만나자고 연락한 사람은 후배인 채광석이었다.

"선배님, 급한 일로 선배님을 좀 뵈어야겠습니다. 몇 사람이 더 나올 겁니다."

채광석은 내용을 이야기하지 않았지만 근태는 무슨 일인지 직감으로 알 수 있었다. 약속장소는 삼선교 근처의 중국음식점이었다.

채광석을 비롯해 몇 명의 복학생들과 70년대 학번 세 명, 그리고 김근태까지 여덟 명이었다. 10월 시위와 민청학련 사건 여파로 초토화되다시피 한 서울대 운동권에 남아 있는 핵심들이었다. 김근태는 그들보다 네 살에서 여덟 살 정도 위인 최고 선배였다.

"오늘 발표된 긴급조치9호를 보셨을 줄로 압니다. 민주주의의 숨통을 완전히 끊어 놓으려는 계엄 포고령과 마찬가지입니다. 유신에 대한 일체의 논의를 금지하고 이를 방송하거나 보도도 할 수 없고 표현물을 배포하거나 소지하면 영장 없이 체포한다는 내용입니다. 저들이 아무리 살벌하게 공포 분위기를 만들어도 결연하게 맞서서 싸우는 모습을 보여 주어야 합니다."

재학생 대표는 일어나 싸우자고 주장했다. 하지만 여러모로 신중해야 할 필요성도 있었다. 대부분의 운동권 학생들이 잡혀간 마당에 자칫하면 마지막으로 남은 역량까지 모두 잡혀갈 우려가 있었다. 신중하게 판단해야 한다는 의견이 많아 쉽게 결론이 나지 않았다.

"여기 너무 오래 있으면 위험할 수 있으니까 다른 데로 자리를 옮겨서 더 토론을 합시다. 앞으로의 학생운동과 관련하여 아주 중요한 일이니만큼 충분하게 논의를 해야 할 것이오."

김근태는 오랜만에 열정적인 후배들과 토론을 하는 것이 즐거웠다. 이들은 동숭동 문리대 잔디밭으로 옮겨 논의를 계속했다. 갑론을박이 오갔지만 김상진의 할복을 눈으로 본 후배들의 뜨거운 가슴이 우세했다.

"김상진 열사의 죽음을 같은 대학에 다니는 우리가 헛되이 할 수는 없습니다."

"죽은 사람도 있는데 감옥 가는 게 무슨 대수입니까?"

후배들의 말에 끝내 신중론을 펴던 선배들이 마음을 돌렸다. 서울대 운동권은 현장에서 움직이는 사람들의 의견을 존중하는 전통이 있었다. 시위를 조직하고 결행할 당사자들이 강경하게 나오는 이상 선배 그룹은 이를 지원할 수밖에 없었다.

동숭동 잔디밭 8인 모임에서 거사를 하기로 합의한 지 이틀 뒤인 5월 15일에 관악캠퍼스가 문을 열었다. 4월 8일 휴강에 들어간 지 37일 만이었다. 이제 더 이상 논란은 필요 없었다. 김상진 추도

식 시위는 일정이 확정되고 준비도 급물살을 타기 시작했다. 날짜는 5월 22일, 움직이는 학생들이 가장 많은 시간인 낮 12시 10분이었다. 장소는 캠퍼스 안 아크로폴리스 광장이었다.

'12시 중앙도서관 앞 김상진 열사 장례집회 있음.'

쪽지들이 강의실 뒤에서 앞으로 속속 전달되었다. 강의를 듣던 학생들은 놀라는 분위기였다. 살벌한 긴급조치9호가 선포된 지 열흘도 채 지나지 않아서였다. 쪽지를 돌리면서도 불안한 마음이 앞섰다. 워낙 분위기가 살벌해서 학생들이 얼마나 떨쳐 일어날지 자신할 수 없었다. 게다가 열렬한 운동권이었던 학생들은 거의 다 감옥에 가거나 수배 중이었다.

하지만 이런 생각은 기우였다. 아크로폴리스에는 900여 명의 학생들이 운집했고 김상진 열사 장례식을 치른 학생들은 교문 밖으로 진출하여 격렬하게 유신에 항거하였다. 긴급조치9호에 정면으로 도전한 이날의 시위는 세칭 '오둘둘 사건'이라고 불렸다. 이날 시위로 56명이 구속되었고 서울대 총장이 해임되었으며 치안본부장이 쫓겨날 정도로 큰 사건이었다.

학생운동권도 치명적인 타격을 입었다. 경찰과 기관원들이 학교에 상주하면서 감시하고 소규모 시위라도 원천적으로 봉쇄하기 시작했다. 학생운동은 더 이상 시위나 집회를 조직할 수 없을 정도가 되어 깊은 침묵 속으로 빠져들었다.

오둘둘 사건을 수사하는 과정에서 뜻밖의 인물이 떠올랐다. 바

로 김근태였다. 삼선교 중국집과 동숭동 잔디밭 모임에 수배 중인 김근태가 참가했다는 첩보는 경찰들을 흥분시켰다. 김근태와 학생시위를 엮으면 또 하나의 사건을 만들어 낼 수도 있었다. 김근태에게 강력한 수배령이 떨어졌다. 수배 중인 사람을 또다시 수배하는 웃지 못할 일이 벌어졌다. 하지만 김근태만은 웃을 수 없었다. 시시각각 조여 오는 수사망을 피해 더욱 깊숙이 잠적할 수밖에 없었다.

수배자

자정이 다 된 시간, 김근태가 도곡동의 어느 집 대문에서 초인종을 누르고 있었다.

'딩동, 딩동'

대답이 없다. 불안한 마음이 머리를 스친다. 혹시 무슨 일이 있었을까. 오늘 밤을 지내기로 약속된 친지 집이었다. 다시 한 번 초인종을 눌렀다. 역시 아무런 응답이 없다. 김근태는 재빨리 몸을 돌려 강남복지학교 쪽으로 발길을 잡았다. 통행금지 시간이 다 되어 있었다. 인가 근처에서 일단 벗어나야 했다.

'왜 대답이 없었을까? 초인종을 두 번이나 눌렀는데도 아무 기척이 없었다면 경찰이 지키고 있었던 것은 아닐 것이다. 그렇다면

잠이 들어서 듣지 못했을 가능성이 가장 높다. 그럼 계속 벨을 눌렀어야 했나?'

아니라고 고개를 저었다. 혹시 자신을 부담스럽게 생각해서 문을 열어 주지 않았을 수도 있었다. 그렇다면 일찍 돌아서기를 잘한 것이다. 어떤 경우에도 구걸하듯 피신처를 얻을 수는 없었다. 그것은 자존심의 문제였다.

'오늘은 오랜만에 들판에서 자 볼까.'

애써 가벼운 마음을 먹으려 해 본다. 야외에서 자 본 적도 몇 번 있었다. 밤새 뒷골목을 헤매다 아침을 맞은 일도 있고 낯선 교회에 들어가 잠을 자기도 했다. 오늘처럼 갑자기 이상한 분위기가 느껴지는 집이 있으면 반드시 그 집을 피했다. 수배자가 지켜야 할 원칙이었다.

'조금 춥긴 하군. 그래도 이쯤이야.'

새벽이면 영하로 떨어지는 초겨울이었다. 강남복지학교 앞은 꽤 넓은 갈대숲이었다. 키가 넘게 자란 마른 갈대숲으로 들어가면 일단 안전할 것은 분명했다.

하늘에 별이 총총했다. 찬 하늘을 가르며 이름 모를 새가 몇 마리 날아가기도 했다. 추위보다 외롭다는 느낌이 시리게 가슴을 울렸다. 그러다가는 도리질을 쳤다.

'만주 벌판에서 독립운동을 하던 선배들을 생각하자. 이쯤은 고생도 아니다. 동상으로 손가락 발가락이 떨어져 나가고 이국땅에

서 피를 쏟으며 죽어 간 영령들을 생각하자.'

갈대 숲속에서 이리 뛰고 저리 뛰었다. 주먹을 쥐고 권투 선수처럼 연달아 뻗기도 했다. 하지만 아무리 혼자 제자리 뛰기를 해도 추위는 점점 더 파고들었다. 갈대숲 사이에 잔뜩 몸을 웅크리고 잠을 청했다. 잠이 올 것 같지 않더니 언뜻 어머니가 나타났다.

'근태야, 우리 막내 근태야!'

하얀 치마저고리를 입은 어머니가 두 팔을 벌리고 다가오고 있었다. 엄마 냄새를 맡고 싶었다. 다가온 어머니는 근태를 껴안을 듯하더니 그대로 옆으로 스쳐 가고 말았다.

'어머니, 저 여기 있어요. 여기 있다구요.'

말은 소리가 되어 나오지 않았다. 꿈이었다. 아래윗니가 부딪쳐 다닥다닥 소리를 냈다. 시계를 보니 오 분도 지나지 않았다. 그 짧은 비몽사몽간에 어머니가 스쳐 갔던 것이다. 주위를 둘러보았다. 하얗게 키가 큰 갈대들이 바람에 쓸리며 누웠다 일어나기를 반복하고 있었다. 마른 갈대꽃을 잡아 훑어 보았다. 거친 듯하면서 보드라운 꽃이 주먹 안에 모였다.

'아, 이거였구나.'

문득 책에서 읽은 장면이 떠올랐다. 솜을 만드는 목화까지 공출로 다 빼앗긴 농민들이 솜 대신 갈대꽃을 넣은 바지를 입고 겨울을 났다는 이야기, 바지뿐 아니라 겨울 이불에도 갈대꽃을 두어 덮었다는 그 비참한 이야기를 어느 책에선가 읽은 기억이 났다.

'갈대꽃을 꺾어서 자리를 만들어 볼까, 그럼 좀 따뜻해질까?'

하지만 겨울바람에 언 갈대꽃은 차가왔다. 손이 시려서 꺾을 수도 없었다.

깜깜한 들판에 달빛조차 없는 밤, 추위로 잠을 잘 수도 없고 할 일도 없었다. 꽤 시간이 흘렀겠지, 하고 시계를 보면 고작 오 분이나 십 분이 지났을 뿐이었다. 아득한 기분이 몰려왔다. 영원히 이 밤이 새지 않을 것 같은 비현실감과 넓은 세상에 혼자 버림받았다는 느낌이 뒤섞여 감정에 혼란이 왔다. 평소에 느껴 보지 않은 감정이었다.

수배 생활을 하면서도 김근태는 철저하게 계획적인 하루하루를 살고자 했다. 전날 잠들기 전에 내일 할 일을 시간 단위로 계획하고 일주일, 한 달의 생활을 미리 준비했다. 일을 계획하고 끊임없이 실천하지 않으면 지루함과 정신적 침체에 빠지기 쉬운 게 수배 생활이었다. 그런데 오늘은 걷잡을 수 없는 감정의 동요가 왔다. 멀리서 간간이 달려가는 자동차 소리조차 자신을 부르는 것만 같았다. 그냥 이 숲을 걸어 나가서 운명의 파도에 자신을 맡기고 싶다는 유혹이 쉬지 않고 밀려들었다.

추위와 혼란스러운 감정에 맞서 이를 악물었다. 어금니가 아파 왔다. 추위와 피곤에 지친 몸에도 허기는 날카롭게 찾아왔다.

'아, 어머니가 끓여 주던 된장국을 먹어 본 지가 언제인지. 봄이면 날마다 원추리를 뜯어와 된장국을 끓이셨지. 형과 누나는 질린

다며 싫어했지만 나는 봄날이 다 가도록 물리지 않았어. 원추리 된장국에 밥을 말고 알싸한 달래 나물과 함께 먹으면 얼마나 맛났던가. 원추리가 지천이던 남한강 가에 살던 때가 좋았는데…… 그곳에 다시 갈 수 있을까.'

저도 모르게 눈물이 후두둑 떨어졌다. 서러움과 그리움이 불러온 갑작스런 눈물이었다.

먼 하늘에 희미한 무언가가 비쳤다. 추위와 절망감에 몸을 떨며 앉아 있던 김근태가 눈을 들었다.

'저게 무어지?'

머릿속은 텅 빈 것처럼 아무 생각도 떠오르지 않았다. 뚫어져라 바라보던 김근태의 얼굴이 돌연 밝아졌다.

"아, 새벽이다! 태양이 뜨는구나!"

마치 이 세상에서 처음으로 해를 보는 기분이었다. 그 순간 밤새 괴롭히던 슬픔과 외로움, 서러움 들이 안개가 걷히듯 사라져갔다. 영원히 물러가지 않을 것 같던 어둠이 퇴각하는 환희의 순간이었다. 김근태는 갈대숲을 빠져나와 힘차게 걷기 시작했다. 푸르스름한 여명이 거리를 덮고 있는 이른 새벽이었다.

인재근을 만나다

1978년이었다. 몇 년간 잔뜩 움츠려 있었던 민주화 세력이 전열을 재정비하고 다시 반유신 투쟁에 나서기 시작했다. 특히 박정희의 개발독재가 빚은 가장 큰 피해자인 노동자들이 자신들의 권리를 찾기 위한 투쟁을 시작했다. 유신체제는 서서히 종말을 향해 가고 있었다.

"선배님, 오늘 우리 집에 오시기로 한 약속 잊지 않으셨죠?"

친한 후배 장명국이 집으로 김근태를 초대했다. 장명국과 그의 부인인 최영희 역시 잘 아는 사이였기 때문에 스스럼없는 방문이었다. 그런데 먼저 와 있는 여성이 있었다. 아직 앳되어 보이는 젊은 아가씨였다.

"인사하세요. 이분은 인재근 씨라고 하고요, 이대 사회학과 73학번이에요. 지금 인천에서 활동하고 있는데, 앞으로 알면 알수록 대단한 동지임을 알게 될 겁니다."

'앞으로 알게 될수록? 지금 이 여자를 나에게 소개하는 건가?'

김근태는 속으로 조금 놀랐지만 내색은 하지 않았다. 다만 '대단한 동지'라는 여성에게 눈길을 주었다. 원래 김근태는 홀깃거리거나 곁눈질을 하지 못하는 사람이다. 상대방의 눈을 바라보며 이야기하는 게 그의 버릇이었다. 그렇지만 사람에 따라서는 그렇게 바라보는 눈빛을 불편하게 느끼는 경우도 꽤 있었다. 하지만 인재근은 그런 눈빛에 조금도 개의치 않고 맑은 웃음으로 마주 보았다. 첫눈에도 당참이 느껴지는 눈빛에 얼굴도 동글동글 귀염성이 묻어났다.

"선배님 소개는 제가 대충 미리 했어요. 그리고 참, 두 분 다 수배 중이라는 공통점도 있네요."

김근태는 조금 놀랐다. 어두운 기색이라곤 찾아볼 수 없는 발랄한 여대생 같은데 수배 중이라니. 인재근은 조금도 어색함이 없이 안주인인 최영희를 도와 음식을 나르며 명랑한 웃음을 터뜨렸다. 듣는 사람까지 쾌활하게 만드는 웃음이었다. 김근태는 오랜만에 마음이 밝아지는 것을 느꼈다.

오랜 수배 생활에 지쳐 있었지만 김근태는 근본적으로 밝고 환한 것을 좋아하는 성격이었다. 어린 시절, 비가 오는 날이면 장화를 신고 물이 고인 곳만 골라서 철벅거리다가 옷을 흠뻑 적시곤 하던 개구쟁이가 항상 내면에 살아 있었다. 그 개구쟁이 때 머금었던 환한 미소가 김근태의 얼굴에 번지고 있었다.

'이 여자가 내 곁에 있었으면 좋겠다…….'

만난 지 불과 몇 시간 만에 그런 생각이 새록새록 피어났다. 스스로 생각해도 조금 어이없을 정도였다.

두 사람은 본격적으로 만나기 시작했다. 피신 중인 두 사람이 만나면 알 수 없는 안도감이 느껴졌다. 슬픔이 그렇듯이 불안과 긴장도 둘로 나누면 훨씬 작아지는 감정인 모양이었다. 인재근과 함께 걸으면 고개를 들고 대로를 다녀도 두렵지 않았다. 같은 처지에 있는 사람끼리 느끼는 동질감과 싹터 오른 연정이 자신감으로 번지고 있었다. 물론 김근태답게 조심성이 사라지는 일은 없었다. 의지할 수 있는 존재이면서 애정을 품게 된 사람이 처음으로 생겨난 기쁨은 컸다.

영화를 보러 가기로 한 날이었다. 김근태가 영화를 좋아하기도 했지만, 그날은 특별히 프러포즈를 하기로 마음먹은 날이기도 했다. 청혼을 하기 위해 로맨틱한 분위기를 잡는 방법으로 영화보다 더 좋은 방법이 별로 없던 시절이었다. 그런데 김근태와 달리 인재근은 몇 번의 만남 끝에 이제 그만 만나야겠다는 결심을 굳히고 있는 중이었다. 수배자인 두 사람이 계속 만남을 이어 가는 게 부담스러웠던 것이다.

그렇게 서로 다른 마음을 품은 두 사람이 극장에 들어갔다. 한 사람은 청혼을 위한 분위기 잡기로, 한 사람은 이별 통고 전의 마지막 데이트로 생각한 영화가 시작되었다. 얼마 전 개봉한 〈뻐꾸기 둥지 위로 날아간 새〉라는 영화였다.

낭만적인 제목과는 달리 영화는 한 정신병원을 배경으로 그 안에서 펼쳐지는 인간에 대한 폭력과 저항을 담고 있었다. 잭 니콜슨이 분한 맥 머피라는 자유로운 영혼의 소유자가 병원 측의 폭력에 맞서다가 결국 전기 고문으로 영혼이 파괴되는 내용이었다. 배우들의 연기력이 대단해서 마치 진짜 정신병원에 들어와 있는 느낌이었고 내용 또한 충격적이었다. 고문을 당하는 맥 머피의 표정이 너무도 사실적이어서 소름이 끼칠 정도였다.

그 순간이었다. 갑자기 김근태의 머리가 뒤로 들려지나 싶더니 코에서 피가 주르르 흘러내렸다. 놀란 인재근이 손수건을 꺼내 코 밑에 대어 주었다.

하얀 손수건에 번지는 새빨간 피를 보는 순간, 인재근은 갑자기 가슴이 뭉클하며 눈시울이 뜨거워졌다. 귀공자처럼 생긴 하얀 얼굴에 드리운 어두운 그림자가 붉은 피로 흘러내리고 있는 것 같았다. 아, 이 남자! 영화가 끝나기 전에 인재근은 이별을 통보해야겠다는 결심을 접고 말았다.

반면, 코피가 가져다 준 행운을 알지 못한 채 김근태는 인재근을 광나루의 어느 매운탕 집으로 데려갔다.

"우리 소주도 한 잔 합시다."

평소와 다르게 소주를 시키고 몇 잔을 거푸 마셨다. 원래 매운탕

집을 프러포즈할 장소로 생각하고 있었다. 그런데 밥을 다 먹고 일어설 때까지 좀처럼 기회를 잡기가 어려웠다. 다른 손님이며 종업원들이 떠드는 와중에 청혼의 말을 꺼낼 수는 없었다. 일단 밖으로 나온 두 사람은 한강변을 걸었다. 그런데 갑자기 빗방울이 듣기 시작했다. 갑작스런 날씨라 우산을 챙겨 오지도 못했고 마땅히 비를 피할 곳도 없었다. 그때 한강변에 공사를 위해 쌓아 둔 콘크리트 구조물이 눈에 들어왔다. 대형 하수도 공사를 할 때 쓰이는 커다랗고 둥근 구조물이었다. 언뜻 보기에도 충분히 두 사람이 들어갈 만한 크기였다.

"우리 저기로 가서 비를 피합시다."

김근태가 인재근의 손목을 잡고 뛰기 시작했다. 머리와 옷이 조금 젖은 채로 두 사람은 콘크리트 구조물 안으로 들어갔다. 두 사람이 나란히 앉기엔 좀 비좁았지만 비를 피하기에는 괜찮은 장소였다. 기다렸다는 듯이 빗줄기가 굵어졌다. 두 사람은 함께 쪼그리고 앉아 쏟아지는 비를 바라보았다.

"어렸을 때 말이오, 장마 때가 되면 마당에 물이 고이고 그 위로 또 비가 쏟아지면 반원형의 물방울이 만들어져 떠다니곤 했지. 수없이 생겨난 물방울이 떠다니다가 빗방울에 맞아 터지고, 또 생기고 하는 모습이 참 재미있고 신기했어. 나는 개구쟁이여서 망아지처럼 이리저리 뛰어다니기도 했지만 마당에 떠다니는 물방울을 보며 몇 시간이고 앉아 있기도 했지."

인재근은 말없이 귀를 기울였다. 무슨 뜻으로 하는 이야기인지 조금 헷갈렸지만 김근태가 섬세한 감정을 가진 사람이라는 느낌이 왔다. 비에 젖어 비릿한 체취가 풍겨 오는 것도 나쁘지 않았다. 얼마쯤 지났을까. 빗줄기가 가늘어지더니 이내 비가 멎었다.

"이제 나가지요? 비가 그친 것 같은데."

한참 동안 아무 말도 하지 않던 김근태가 갑자기 인재근을 향해 몸을 돌렸다.

"나랑 결혼하자! 그렇지 않으면 도끼를 들고 어디든 따라갈 거야!"

어떻게 그런 말이 나왔는지 알 수 없었다. 청혼을 생각했으면서도 딱히 무슨 말로 해야겠다고 준비해 둔 것이 없었던 탓이리라. 그리고 그 순간 김근태 안에 있던 개구쟁이가 둘 사이에 폴짝, 나타났다고밖에는 설명할 도리가 없다. 하지만 그 개구쟁이의 말은 인재근의 마음을 흔들기에 충분했다. 웃음이 터지려 했지만 청혼을 하는 김근태의 진지한 얼굴에 대고 웃음을 터뜨릴 순 없었다. 웃음을 감추려 지그시 입술을 물며 고개를 숙였을 뿐이었다.

"정말이지? 고마워. 이제 김근태와 인재근은 부부다!"

김근태는 인재근이 고개를 숙인 것을 끄덕인 것으로 보았다. 그리고 그것은 오해가 아니었다. 고개를 든 인재근의 얼굴에 미소가 가득 퍼져 있었으니까.

그렇게 두 사람은 부부가 되었다. 부천의 한 설렁탕집에서 몇 사람의 친지만 모인 가운데 조촐한 결혼식이 열렸다.

  1978년 8월이었다.

산선의 노동운동가

긴장 속에서도 결혼 생활은 행복했다. 김근태는 인재근이 일하던 도시산업선교회의 노동상담 간사가 되었다. 줄여서 '산선'이라고 부르던 도시산업선교회는 박정희 정권이 가장 지독하게 탄압한 단체였다.

김근태가 산선의 간사로 들어갔을 때는 산선의 활동이 큰 어려움에 처해 있을 때였다. 정부 당국은 산선을 공산주의와 폭력혁명을 위한 단체라고 선전하고 노동자들의 접근을 막기 위해 온갖 수단을 동원하였다. 실제로 하루 종일 한 사람의 노동자도 찾아오지 않은 날이 많았다. 김근태는 가만히 앉아서 노동문제를 상담하는 정도에 머물 사람이 아니었다. 그는 노동자를 만나기 위해 공장으로 갔다. 공장 근처에서 퇴근하는 노동자들을 만나 포장마차에서 술잔을 기울이며 그들의 이야기를 들었다. 그리고 그 이야기로부터 하나씩 실마리를 풀어 나갔다.

"그 형 만나봤어? 참 좋은 사람이더라."

"나도 보긴 했는데, 혹시 또 걸려서 형사가 꼬치꼬치 캐물을까봐 말을 나누지는 못했어."

"내 얘기를 그렇게 끝까지 들어준 오빠는 처음이었어. 집안 얘기까지 시시콜콜 하다가 눈물까지 쏟았지, 뭐야. 그런데 전에 있던 언니 남편이라더라."

"그래? 그 언니도 진짜 좋았는데."

젊은 노동자들 사이에서 김근태라는 이름이 떠돌기 시작했다. 누구든 한 번 만나면 마음을 빼앗길 정도였다. 사람을 대하는 진실한 태도 앞에서 노동자들은 서서히 마음의 문을 열었다. 얼마 안 가 산선에 다시 노동자들의 발길이 이어졌다. 산업선교회의 대모라 할 수 있는 조화순 목사는 김근태의 활동 모습을 보며 깊은 감동을 받았다. 노동자 교육이 있던 어느 날이었다.

"목사님, 오늘 제가 큰 죄를 저질렀습니다."

교육을 마치고 돌아온 김근태가 뜻밖의 말을 했다.

"죄를 지었다니 무슨 소리예요?"

"오늘 노동 형제들과 교육이 있었는데 제가 준비를 소홀히 했습니다."

"늘 많이 준비하는 걸 내가 아는데요. 그리고 좀 준비가 안 되었더라도 평소 실력으로 얼마든지 교육을 했을 겁니다."

조화순 목사는 그가 노동자들을 만나기 전에 몇 시간씩 꼼꼼하게 자료를 챙기고 준비를 한다는 것을 알고 있었다. 노동자들과 어울리기 위하여 대중가요도 배우고 교육할 때 들려줄 유머까지도 메모하는 김근태였다.

"바쁘다는 이유로 교육 준비를 소홀히 한 것은 큰 잘못이었습니다. 노동 형제들이 힘든 공장 생활 속에서 낸 귀한 시간인데, 그 시간을 가볍게 여긴 죄입니다."

김근태는 진정으로 자신을 반성하고 있었다. 조화순 목사는 흠칫 놀랐다. 김근태의 목소리에서 낮고 버려진 이들을 위해 목숨을 바쳤던 예수의 음성을 들었기 때문이었다.

김근태는 상상하기 어려울 만큼 많은 일을 해내고 있었다. 인천 구월동의 단칸 셋방에 살면서 산선의 간사뿐 아니라 수많은 운동 조직에 관여하고 지원하는 일을 아끼지 않았다. 여러 운동가들이 김근태가 살고 있는 구월동 근처에 거처를 마련하고 함께 일을 해 나갔다. 80년대 민주화 운동의 불꽃이 오르기 전, 김근태를 중심으로 활발한 모색이 있던 그 시기를 '구월동 시대'라고 부르는 사람들도 있다.

박정희는 자신의 소원대로 종신대통령이 되었다. 부하였던 김재규의 총에 맞아 쓰러진 1979년 10월 26일까지 대통령에 있었으니까. 박정희를 죽인 사람은 김재규였지만 유신을 쓰러뜨린 힘은 국민들에게서 나왔다. YH무역여성노동자들의 생존권 투쟁과 죽음, 부산과 마산의 항쟁 등이 유신정권을 벼랑으로 몰고 갔고, 벼랑 끝에서 박정희를 밀어버린 게 김재규였을 뿐이었다. 물론 그런 돌발적인 사태가 아니었다면 더 많은 사람들이 피를 흘리고 유신은 얼마간 더 지속되었을 것이었다.

박정희의 죽음으로 다시 이 나라에 봄이 왔다. 하지만 봄날의 꽃이 채 피기도 전에 다시 군부독재의 총칼이 등장했다. '하나회'라는 군부 안의 사조직과 박정희에 대한 충성심이 강한 일부 군 지휘관들로 이루어진 신군부는 육군참모총장이자 계엄사령관이었던 정승화를 김재규와 연루되었다는 핑계로 전격 체포하는 '12·12사태'를 일으켰다. 이 사건으로 신군부는 급격하게 권력의 핵심이 되었으며 연이어 김재규에게 사형을 선고하였다. 국군보안사령관이던 전두환이 중앙정보부장 서리를 겸임하게 되었다.

1979년 11월 24일에 있었던 소위 'YWCA 위장 결혼식 사건'은 군부의 음모를 알리고 국민들에게 각성과 궐기를 촉구한 사건이었다. 계엄령 밑에서 숨죽이고 있던 민주세력은 결혼식 장소로 위장된 강단에서 400여 명의 민주 인사들이 모인 가운데 대회를 열었다. 하지만 중간에 들이닥친 경찰들의 폭력으로 난장판이 되었고 많은 사람들이 잡혀갔다. 이때 끌려간 사람들은 박정희 때보다 더한 깡패 군인들의 모습을 온몸으로 보아야 했다.

1980년 5월 15일, 김근태는 서울역 근처의 육교 위에서 모여드는 학생들의 모습을 보고 있었다. 오후가 되자 구름처럼 몰려온 학생들이 서울역에서 남대문까지, 인도와 차도는 물론 고가 위까지 가득 메웠다.

'십만 명은 되겠다. 이 정도면 전두환 일당의 음모를 깨뜨릴 충분한 힘이 된다. 여기에 시민들이 합세하여 강력한 민주화 의지를 보여 주어야 한다.'

하지만 시위는 김근태의 바람대로 나아가지 못했다. 최소한 2, 3일은 더 버티며 군부를 압박했어야 했는데, 학생들은 그날 밤을 넘기지 않고 해산을 결정했다. 그 유명한 '서울역 회군'이었다.

기회를 엿보던 군부는 곧바로 대규모 반격에 나섰다. 전국의 반정부 인사들을 검거하는 한편 광주에서 피의 진압이 시작되었다. 광주의 시민들은 목숨을 걸고 항거하였고 광주를 일시적 해방구로 만들기도 했으나 결국 계엄군의 무자비한 총칼 앞에 스러지고 말았다.

광주항쟁이 불러온 사회적인 충격은 엄청났다. 그러나 살기등등한 군부가 내뿜는 공포 분위기로 인해 사회는 깊은 물속 같은 침묵에 빠졌다.

큰아이 병준이 태어난 것은 1979년 크리스마스 다음 날이었다. 그리고 한 달 후에 어머니가 돌아가셨다. 기나긴 세월 수배된 아들

걱정에 눈을 감지 못하다가 긴장이 풀리면서 숨을 놓아 버린 것이었다.

그해 설날, 김근태는 오랜만에 차례 자리에 설 수 있었다. 차례상 위에는 아버지의 영정이 올라와 있었다. 절을 하다가 눈물이 흘러내렸다. 슬픔이라기보다는 안도의 눈물이었다. 이제 민주주의가 이루어질 것이라는 안도감, 더 이상 도망 다니지 않아도 된다는 편안함이 불러온 행복한 눈물이었고 비로소 아버지를 따라다니던 평생의 두려움과 절망감의 실체를 온몸으로 알고 나서 흘리는 눈물이었다. 언젠가 형이 아버지의 뼛가루를 옆에 놓고 울었던 것처럼, 비로소 아버지의 삶을 받아들일 수 있었다.

그리고 김근태와 인재근은 대학로의 흥사단 강당에서 정식으로 결혼식을 올렸다. 결혼식은 돌아가신 어머니의 유언이기도 했다. 많은 친구들이 축복해 주는 가운데, 서울대 상대 교수인 변형윤이 주례를 섰다. 수배된 제자에게 우편으로 리포트를 제출하게 하고 졸업까지 하게 해 준 고마운 스승이었다. 백일이 지난 병준이는 고모 품에 안겨 부모의 늦은 결혼식에 함께하였다.

민주화운동청년연합 의장

김근태라는 이름 뒤에 가장 자연스럽게 붙는 호칭은 '의장'이다. 80년대를 경험하지 못했거나 국회의원, 혹은 장관으로 김근태를 아는 사람들은 2003년에 탄생한 열린우리당의 의장으로 아는 경우도 꽤 있다. 당 총수를 의장이라고 부른 예가 열린우리당이 처음이라서 더욱 그렇다. 하지만 김근태를 오래 알거나 그의 삶을 사랑하는 사람들이 그를 의장이라고 부를 때는 민청련의 '의장'을 의미한다. 그리고 그 '의장'은 마치 위대한 축구선수의 등번호가 영구결번되듯이, 김근태의 이름 뒤에 붙는 것으로 우리 현대 인물사에서 영구결번되었다. 그렇게 우리 현대사의 암벽에 김근태라는 이름을 아로새긴 80년대가 열리고 있었다.

"아침에 일어나면 자꾸 머리가 아파요. 병준이도 늘어지는 것 같고."

인재근의 말처럼 자신도 아침이면 머리가 무거워지곤 했다. 밖에 나가 찬바람을 쐬고 나서 아침을 먹고 나야 겨우 머리가 맑아졌다.

"혹시 연탄가스가 새는 거 아닐까요?"

10월 중순이 되면서부터 연탄을 때기 시작했다. 단칸방에 온기를 주는 것은 하루 두 장씩 갈아 주는 연탄불이 다였다. 원래 연탄갈기는 김근태의 몫이었지만 집에 없는 날이 많다 보니 인재근이 가는 때가 더 많았다. 두 사람은 결혼 생활을 시작할 때부터 집안일을 나누어서 하기로 약속했고 약속은 잘 지켜졌다.

"설거지는 할 수 있는데, 음식만큼은 좀 봐주어야 해. 대체 어떤 재료를 어떻게 넣어야 되는지 아무리 생각해도 암담하거든."

역할을 분담하며 김근태가 근심이 가득한 목소리로 사정했다. 김근태는 인재근과 둘이 있을 때는 꽤 귀여운 구석이 있는 남자였다. 인재근이 웃으며 정한 규칙은 '청소와 이부자리 정리는 김근태, 음식과 설거지는 인재근'이 한다는 것이었다.

"정말 연탄가스 때문일지도 모르겠는데. 확인을 해 봐야겠네."

"어떻게 확인을 해요? 근태 씨가 할 수 있어요?"

두 사람은 서로 이름을 불렀다.

"그럼. 내가 열관리 기술자, 그러니까 보일러 기술자 아니요?"

"우린 보일러가 아니고 연탄 화덕이잖아요?"

"글쎄 내게 맡겨요."

김근태는 화덕에 종이를 넣고 불을 피웠다. 원래 연탄가스는 냄새도 색깔도 없기 때문에 새는지 알 수가 없다. 그래서 연기가 많이 나는 종이를 태워서 방 안으로 연기가 스며드는지 확인하려는 것이었다. 연기 냄새가 약간 나기는 했지만 눈에 보일 정도로 방 안으로 들어오지는 않았다. 조금 찜찜했지만 수리를 해야 할 정도는 아니라고 판단했다. 그것이 불찰이었다.

그해 크리스마스 전날이었다. 여전히 당국에 쫓기는 김근태는 마음 놓고 집에 들어갈 수 없는 날이 많았다. 그날도 피치 못할 사정으로 집에 들어갈 수 없었다.

몹시 추운 날이었다. 연탄만으로 난방을 하는 방은 추웠고 병준이마저 감기 기운이 있는 것 같았다. 인재근은 연탄 화덕의 공기 문을 조금 더 열어 놓았다. 그리고 병준이를 품에 안고 잠이 들었다. 얼마나 시간이 지났을까. 품이 허전하다고 느꼈다. 분명 품속에서 잠자고 있어야 할 아기가 없었다. 눈을 뜨려 했지만 도무지 눈꺼풀이 올라가지 않았다. 팔을 휘저었다. 아무것도 걸리지 않는 허공이었다.

'왜 이러지? 왜 눈이 떠지지 않는 거야? 병준아, 이리 온. 어디 있니?'

마구 소리를 치는데도 그 소리는 귀에 들려오지 않았다. 두 다리는 마치 원래 없었던 것처럼 움직일 수가 없었다. 온몸이 구들장 밑으로 빠져드는 것 같았다.

'지진이 일어났나? 그래서 우리 집이 땅속으로 꺼져 들어가고 있는 것일까? 그럼 나는 벌써 죽은 것일까? 아, 병준아, 여보!'

그러고는 암흑이었다. 얼마나 지났을까. 사람들의 말소리가 귀에 들려오기 시작했다. 무언가 입속에 시원한 게 들어왔다. 인재근은 차고 찝찔한 느낌과 함께, 아, 살아 있구나, 하며 소스라치게 놀라 일어났다. 병준이는, 우리 아기는? 다행히 병준이도 깨어나 있었다.

그날 연탄가스에 중독되어 혼수상태에 빠진 모자를 구한 사람들은 김근태의 친구들이었다. 크리스마스가 되어 위로 겸 방문을 했던 사람들이 쓰러진 두 사람을 구한 것이었다.

그 사실을 모르고 이튿날 집으로 돌아온 김근태는 놀라움에 가슴이 진정되지 않았다. 만약에 친구들이 집으로 찾아오지 않았다면 끔찍한 일이 벌어졌을 게 틀림없었다. 눈물이 마구 흘러내렸다.

'아, 이렇게 살아도 괜찮은 것일까? 이게 제대로 살고 있는 것일까?'

갑자기 사회운동에 대한 회의가 김근태를 짓눌렀다.

"사회를 변화시키는 것이 한 사람의 목숨보다 더 중요한 것인가?"

자식을 낳고 기르는 아버지로서 당연한 삶의 무게였다. 그리고 목숨을 유지하는 최소한의 생계는 모든 것을 떠나 당연한 일이었다. 그 앞에서 어떤 다른 대의를 내세울 것인가? 그 후로 양쪽 집안의 도움을 받아 구월동에 13평짜리 아파트를 장만했다. 여전히 연탄을 때는 아파트였지만 보일러 식이어서 연탄가스 걱정은 하지 않아도 되었다.

김근태가 살던 구월동 근처에 살면서 긴밀한 관계를 맺고 있던 이범영이 움직이기 시작했다. 이범영은 김근태의 대학 후배이면서 자신의 모든 것을 바쳐 민주화운동을 하던 청년이었다.

1983년 5월, 야당의 지도자였던 김영삼은 민주화를 요구하는 23일간의 단식을 했고 그에 호응하여 함석헌, 문익환, 홍남순 등 재야의 지도급 인사들이 함께 단식에 들어갔다. 계엄군에 의해 광주에서 벌어진 끔찍한 학살 이후 숨죽이며 길을 찾던 청년들도 본격적으로 움직이기 시작했다.

이범영은 제일 먼저 감옥에서 갓 출소한 이해찬을 찾아갔다. 둘은 공개정치투쟁 조직을 건설하자는 데 합의했다.

1983년 8월 15일, 광복절을 기해 경기도 양수리 근처의 한 계곡에 청년들이 모여들고 있었다. 한여름이고 휴일이었기 때문에 계곡을 찾는 일은 전혀 어색하지 않았다. 여러 대학에서 운동권을 대표하던 청년들이었다. 최종적으로 모인 숫자는 40여 명이었다. 이들은 이미 어느 정도 모임의 내용을 알고 있었다. 전두환 정권과 싸우기 위한 민주화운동 단체를 만들려는 것이었다. 청년들은 논의 끝에 그해 안에 청년단체를 결성하기로 결의하였다. 한 사람의 반대자도 없었다. 단체를 만들기로 결의한 후, 첫 번째 안건은 대표를 세우는 문제였다.

김근태는 준비 모임에 참석하지 않았지만 진행 과정은 소상하게 알고 있었고 이범영을 통해 일정하게 영향을 끼치고 있었다. 계곡 모임에 참가했던 대다수가 잘 알고 있는 후배들이었다. 그런데 대표를 자신이 맡게 될 것이라고는 전혀 생각하지 않고 있었다.

"아무래도 선배님이 대표를 맡으셔야 할 것 같습니다."

처음부터 일을 추진하던 이범영이 말했다.

"왜? 다른 사람을 세우기로 하지 않았나?"

"그런데 뜻하지 않은 상황이 되었습니다. 많은 사람들이 선배님을 적극 추천하고 있어요."

"조영래는 변호사 일을 시작했으니 어렵겠고, 장기표는 어떨까?"

김근태는 장기표도 어렵다는 걸 알고 있었지만 할 수만 있다면 대표라는 자리만큼은 피하고 싶었다.

"장기표 선배는 지금 원로 인사들을 중심으로 한 단체 결성에 힘을 쏟고 있습니다. 아무래도 선배님이 결단을 하셔야 할 것 같습니다."

김근태는 한동안 고민했다. 자신이 적임자인지가 첫 번째 고민이었다.

'이 단체는 전두환의 폭압을 뚫고 처음으로 결성되는 공개정치투쟁단체다. 민주화운동 세력뿐 아니라 국민적 관심을 받게 될 가

능성이 크다. 내가 그런 자리를 감당할 수 있을까?'

두 번째는 만약에 대표를 맡게 되면 감옥을 드나들 각오를 해야 한다는 것이었다. 기나긴 수배 생활을 했지만 정작 감옥에 간 적은 없었다. 그렇지만 공개투쟁단체의 대표를 맡으면 감옥 가는 일을 피할 수 없었다. 피할 수 있으면 피하고 싶은 게 솔직한 심정이었다. 그러나 자신밖에 대안이 없다면 마냥 거부할 수도 없었다. 그것은 김근태가 지켜온 운동가의 자세가 아니었다. 결국 그는 대표직을 수락하였다.

단체의 이름은 '민주화운동청년연합'이라고 정했다. 대표의 직함은 흔히 쓰는 회장이 아니라 의장으로 하기로 했다. 김근태와 애칭처럼 별칭처럼 평생을 함께했던 '의장'이라는 말이 붙는 순간이었다. 공개적으로 정치 투쟁을 선포한다는 것은 결성되자마자 탄압받을 것을 각오한 결정이었다. 한 달 후로 예정된 결성식이 곧 감옥으로 가는 날이 될 가능성이 높았다. 대표를 비롯한 임원진은 모두 구속을 각오하였다.

민청련의 결성식은 9월 30일, 장소는 돈암동에 위치한 상지회관으로 잡혔다.

그날 오전, 김근태를 비롯한 집행부는 수유리 4·19탑에 모였다. 그곳에서 멀지 않은 산속에 있는 무명 독립군 묘소를 참배하기로 했기 때문이었다.

"오늘 우리는 일제에 맞서 피 어린 싸움을 하다 돌아가신 무명 독립군 투사의 무덤 앞에 섰습니다. 우리의 결의를 다지기 위해 이 자리에 섰다는 사실이 우리 민족의 현실을 보여 줍니다. 친일파와 독재가 왜곡시킨 역사 속에서 이름 없이 산속에 누워 있는 독립군들의 영령 앞에 맹세합시다. 반민족 세력과 한 치도 타협 없이 싸울 것을. 또 맹세합시다. 광주를 피로 물들인 군부독재 세력과 모든 것을 걸고 싸울 것을. 그리하여 민주주의가 꽃피고, 민족의 자존을 드높이기를 또한 맹세합시다."

저녁에 있을 창립식을 앞둔 분위기는 비장했다. 앞으로 일어날 일을 전혀 예상할 수 없었다.

한편, 청년정치단체가 결성될 예정이고 그 대표가 김근태라는 정보를 입수했을 뿐, 결성식 장소를 알 수 없었던 정보기관은 아침부터 김근태를 미행했다. 장소는 엄격한 비밀에 부쳐졌기 때문에 정보가 새나가지 않았다. 결국 김근태가 상지회관에 도착하고 나서야 정보기관은 비로소 장소를 파악할 수 있었다. 건물을 막기 위해 경찰 병력이 동원되는 사이에 50여 명의 회원들이 입장할 수 있었다. 예정 시간인 일곱 시에 맞추어 온 회원들 150여 명은 들어가지 못했고 상당수가 성북경찰서로 연행되었다.

시간이 지체되어 결성식은 밤 9시 30분에 진행되었다. 발기문과 창립선언서, 규약 채택과 집행부 선출 등을 마치고 마지막으로 '국민에게 드리는 글'을 채택했다. 경찰이 건물을 포위한 삼엄한 상황에서 자정 무렵 창립식이 끝났다. 그리고 집행부 전원은 안기부로 연행되었다. 김근태는 의장이니만큼 집중적인 조사 대상이었다.

"여기에 서명 날인하시오."

그들이 내민 것은 민청련을 해체하겠다는 서약서였다. 말도 안 되는 요구였지만 우선 점잖게 대꾸했다.

"내가 민청련 의장이라지만 해체 선언을 할 권리는 전혀 없소이다."

"해체를 하라는 게 아니오. 또 이 서류를 공개할 것도 아니오. 서명만 하고 나가서 다시 뭘 하든 상관없소. 서명을 하지 않으면 구속되니까, 서명을 하라는 것뿐이오."

그들의 말 속에는 비열한 술책이 숨어 있었다. 만약에 서명을 하면 그것으로 배신자라는 영원한 족쇄를 채우려 할 것이었다. 말도 안 되는 소리였다.

"다시 말하지만 해체는 회원들이 결의할 수 있을 뿐이오. 구속이 되더라도 어쩔 수 없소."

김근태는 구속을 각오한 터였다. 결성되자마자 아무 활동도 못 하고 구속되는 것이 억울했지만 어쩔 수 없는 일이라고 생각했다. 민청련의 로고로 삼은 두꺼비가 되어 독사의 아가리로 들어가겠다는 결심을 단단히 굳혔다.

민청련의 로고는 두꺼비였다. 두꺼비는 새끼를 가지면 낳기 전에 뱀에게 싸움을 건다고 한다. 당연히 뱀이 이기고 두꺼비는 뱀에게

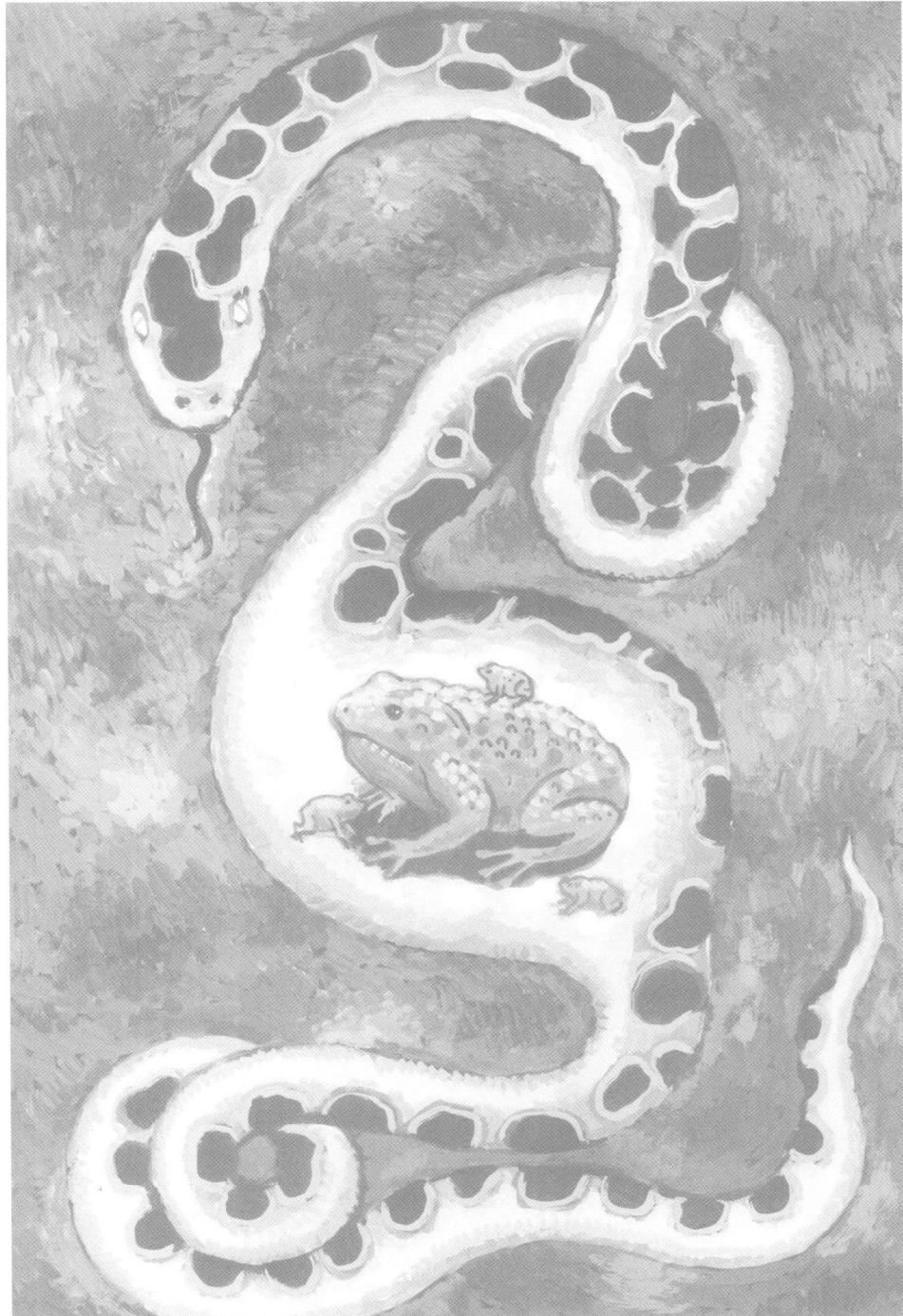

잡아먹힌다. 어미 두꺼비는 뱀에게 먹혀 죽지만, 새끼들은 뱀 속에서 알을 까고 나와 뱀을 자양분 삼아 다시 태어난다. 즉, 살기 위해서가 아니라 죽기 위해 뱀에게 대드는, 그럼으로써 새끼들을 살게 하는 살신성인의 정신을 로고에 담은 것이었다. 자신을 희생해서라도 보다 나은 세상을 만들겠다는 의지가 숨어 있는 상징이었다.

김근태는 석방되었다. 대중운동을 표방하고 갓 출범한 단체의 대표를 별다른 혐의 없이 구속한다는 것에 부담을 느꼈을 것이다. 어쨌든 김근태의 석방은 민청련 회원들에게 큰 용기를 주었다. 이 사건으로 민청련은 공개운동에 대한 자신감을 얻어 사기가 높아졌다.

민청련은 인재근의 이름으로 인사동에 있는 파고다 빌딩에 사무실을 얻었다. 회원 120명이 모인 가운데 두꺼비가 새겨진 현판식을 열었다.

숱한 탄압 속에서도 민청련은 결성 초기부터 활발하게 활동을 펼쳐 나갔다. 특히 노동자들이 농성을 하거나 생존권 투쟁을 하는 곳에 적극 지원을 나갔다. 소식을 알리고 함께 연대하는 활동은 노동자들에게 큰 힘이 되었다. 연말에 군부가 그간 구속되었던 학생들을 대거 석방하자, 그들을 위한 출소자 환영 대회를 열었다. 합정동의 마리스타 수도원에서 열린 환영회는 200여 명이나 참여하는 성황을 이루었다. 석방된 학생들 상당수가 민청련과 관계를 맺고 활동하면서 민청련의 세는 급격하게 커져 갔다.

민청련은 공개운동을 천명하고 사무실에 상근자를 두었다. 보통 6~7명이 상근했는데 그들에게는 월급을 지급했다.

"사회운동을 하는 사람 중에 경제적인 고통 때문에 활동을 접는 경우가 상당히 있는데, 이것은 이해할 수 있는 일입니다. 무작정 참고 견디라는 것은 비인간적인 요구일 뿐 아니라 지속적인 운동을 염두에 두지 않는 생각입니다. 운동의 새로운 체계와 내용으로 그 어려움에 답해야 합니다."

그렇게 해서 민청련은 상근자들에게 월급을 주었다. 월급은 기혼자 20만 원, 미혼은 10만 원이었다. 아기가 있는 경우에 5만 원이 추가되었다. 결코 많은 액수는 아니었지만 당시에는 최소한의 생활을 해 나갈 수 있는 액수였다. 그 기준으로 김근태는 25만 원의 월급을 받았다. 재정은 주로 회원들이 내는 회비였다. 그 외에 지도위원으로 있는 목사님이나 신부님 들이 도움을 주었고 김지하 시인의 난 그림을 팔아 한꺼번에 거금을 마련하기도 했다. 최초의 한글 타자기를 발명한 공병우 선생이나 종로서적의 장하구 선생 등이 민청련을 지원하였다. 마치 일제강점기의 독립운동가들이 군자금을 모았던 것처럼 민청련의 운영 자금을 마련했다. 덕분에 김근태를 비롯한 집행부는 활동에 전념할 수 있었다.

민청련의 활동은 눈부셨다. 특히 대중들에게 전두환 정권의 본질을 알리고 독재정권이 자행하는 반민주, 반민중적 정책들을 폭로해 내는 선전 활동이 활발했다. 김근태가 가장 강조했던 활동도 선전이었다.

"지난 1980년 5월에 십만 명이 넘는 학생들이 거리로 뛰쳐나오면서도, 왜 거리로 나왔는가를 알리는 제대로 된 유인물이 없었습니다. 구호만 가지고 대중을 설득할 수 없습니다. 저들의 속성을 정확하게 대중에게 알리는 선전전이 우리의 주요한 과제입니다. 여러 가지 방법을 개발하여 선전활동을 효과적으로 해 나갑시다."

민청련이 개발한 방법 중 하나가 하늘에서 유인물을 살포하는 것이었다. 거리에서 시위를 하기로 한 날이면 미리 주위의 건물에 올라가 시간에 맞추어 유인물을 날리는 방식이었다. 갑자기 하늘에서 수많은 유인물이 휘날리며 떨어지는 모습은 시위 분위기를 더욱 높이는 효과도 있었다.

보통 4층 정도의 높이에서 전단지를 뿌렸다. 그러면 경찰은 범인을 잡기 위해 건물을 올라온다. 전단을 뿌린 사람은 잽싸게 이층 정도까지 내려왔다가 경찰이 올라오는 것과 맞추어 천천히 다시 위로 올라간다. 그러면 급한 경찰은 시위자를 지나쳐 그대로 올라갔다. 공중전 방식으로 계속 전단이 뿌려지고 범인을 잡지도 못하자, 경찰은 시위가 일어나면 즉각 주위의 건물을 봉쇄하였다. 건물에 들어갔다가 나오지 못하는 상황이 벌어진 것이었다. 그래서 또 개발된 방법이 무인살포방식이었다. 전단지를 끈으로 묶어 매단 다음 끈에 불붙인 담배를 매달아 놓고 내려온다. 그러면 담배가 타 들어가다가 끈이 끊어지고 전단지가 공중으로 날리는 식이었다. 담배가 타 들어가는 시간 동안 여유 있게 건물을 빠져나올 수 있었다.

민청련이 점점 활발하게 활동하면서 김근태는 수사기관의 집중적인 감시 대상이 되었다. 감시뿐 아니라 작은 꼬투리만 있으면 수시로 연행하여 구류를 살렸다. 경찰이 연행하려 할 때마다 김근태는 격렬하게 저항하였다. 싸움을 잘하지는 못했지만 순순히 끌려갈 수는 없었다. 최대한 몸부림 치고 주먹을 휘둘렀다. 더욱 참을 수 없는 것은 아이들이 있는 집으로 쳐들어 와 연행하는 것이었다. 둘째 병민이는 아직 어렸지만 병준이는 이미 유치원생이었다.

"내가 연행당하는 것은 좋소. 하지만 집에서만은 안 되오. 집에서 멀리 떨어진 곳에서 수갑을 채우시오."

김근태의 요구가 받아들여져 다음부터는 집으로 들어오지는 않았다. 그러나 병준이의 기억 속에 아버지가 연행되는 장면은 지워지지 않았다. 어느 날 유치원에서 재롱잔치에 전시할 그림을 그리게 했다. 부천 YWCA부설 유치원이었다. 병준이가 그린 그림은 '우리 아빠'라는 제목이었다. 그런데 그림 속 아빠는 낯선 사람들에게 잡혀서 차에 앉아 있는 모습이었다.

"병준아, 아빠는 훌륭한 일을 하시는 분이야. 네가 조금 더 크면 아빠를 아주 자랑스러워 할 거야."

유치원 선생님은 그림 제목 앞에 '자랑스러운'이라고 덧붙였다.

재롱잔치에 와서 그림을 본 인재근은 화장실에 가서 울음을 터뜨렸다. 그런 그림을 그린 아이의 상처가 아팠고, 아이의 마음을 헤아리고 보듬어 준 선생님의 마음이 고마워서였다.

전두환 정권을 향한 국민들의 분노는 점점 더 커져 갔다. 학생들은 날마다 '광주학살정권 물러가라'를 외치며 시위를 했고 노동자들의 투쟁도 이어졌다. 외국 농산물을 마구 수입하여 농민들은 벼랑으로 몰렸다. 전두환의 동생 전경환은 외국 소를 대량으로 수입하여 농민들이 키우는 소값을 똥값으로 만들어 버렸다. 분노한 수만 명의 농민들이 소를 몰고 나와 시위를 벌이기도 했다.
"김 동지, 이번 국회의원 선거에 나서 보지 않겠소? 종로에서 출마하여 바람을 일으켜 주면 좋겠소."
김근태를 만나 국회의원 출마를 권한 사람은 당시 야당의 지도자였던 김영삼이었다.
"고마운 말씀이긴 하지만 아직 때가 아니라고 생각합니다. 지금은 정치권 밖에서 해야 할 일이 더 중요하다고 생각합니다. 저보다는 조영래 변호사가 적격일 듯합니다."
자신에 대한 출마 제의를 거절하고 조영래를 추천했지만 조영래도 제의를 받아들이지 않았다. 1985년 2월 12일에 실시된 국회의원 선거는 국민들이 얼마나 전두환 정권을 반대하는지 똑똑하게 보여 준 선거였다. 선명 야당의 기치를 내걸고 새로 등장한 신민당은 선거에서 크게 이겼다. 전두환 정권은 선거에서 드러난 민심을 보고 불안을 느꼈다. 무언가 돌파구를 찾아야 했다. 그들의 칼끝이 겨눈 곳은 가장 활발하게 정치투쟁을 하고 있던 민청련과 김근태였다.

경찰은 대학생들의 미국 문화원 점거 농성 사건을 발표하면서 학생들의 배후가 민청련이라고 지목했다. 상임위원장인 김병곤과 집행국장인 이범영, 그리고 기독교 청년회의 황인하가 배후 조종을 했다는 것이었다. 이범영은 즉시 피신했으나, 두 사람은 체포되었다.

김병곤은 민청학련 사건 때 사형을 구형받고 법정에서 '사형이라니, 영광입니다!'라고 소리를 쳤던 유명한 일화를 가진 사람이었다. 민청련 창립 때는 직장 생활을 하고 있었는데, 김근태가 직접 찾아가서 민청련에 함께하자고 요청했고, 그는 두말도 없이 직장을 그만두고 민청련에서 상근을 했다. 김병곤은 김근태가 아꼈을 뿐 아니라 의지할 수 있는 몇 안 되는 후배였다. 마음 한구석에는 직장에 잘 다니는 후배를 고난의 길로 끌어냈다는 미안함을 늘 가지고 있었다. 그런 김병곤이니만큼 구속 소식을 듣자마자 바로 경찰서로 달려갔으나 면회는 허용되지 않았다.

김병곤이 구속되어 검찰청으로 이송된 후, 그의 부인 박문숙이 비로소 면회를 할 수 있었다. 검사실에서 면회를 하는데 무언가 김병곤의 눈치가 이상했다. 검사에게 들키지 않게 자꾸 눈짓을 하며 자신의 발을 가리키는 것이었다. 그리고 고무신을 벗었다 신었다를 몇 번 거듭했다. 눈치를 챈 박문숙이 신발끈을 매는 척하며 고개를 숙이고 보니 작은 쪽지가 떨어져 있었다. 김병곤이 고무신 속에 감추고 나온 것이었다.

'검사의 조사 방향이 민청련 전체에 대한 탄압으로 가고 있다. 김근태 의장은 즉시 피신해야 한다. 아주 심각하다.'

밖으로 나와서 펴 본 쪽지의 내용은 그러했다. 박문숙은 즉시 민청련 사무실로 가 쪽지를 전달하고 김근태에게 피신을 권했다. 김병곤은 운동 경험도 많고 촉수가 예민한 사람이었다. 그뿐 아니었다. 구속된 황인하 역시 면회를 오는 사람들에게 '근태 형, 괜찮으냐?'고 물어왔다. 그도 조사를 받으면서 심상치 않은 조짐을 읽었던 것이다. 황인하는 자신이 관계하던 기독교계 인사들에게 김근태를 보호해야 한다고 간곡히 요청했다.

김근태는 자신을 향해 서서히 조여 오는 손길을 느꼈다.

"피신해야 합니다. 아무래도 심상치가 않아요."

"학원안정법을 제정하려다가 무산된 것 때문에 독기를 품은 것 같습니다. 대학생들 배후로 우리를 모는 것을 보니 민청학련 때가 생각납니다. 그때 인혁당재건위를 조작해서 배후로 몰아 죽인 거 아닙니까?"

민청련 간부들이 피신을 권유했지만 김근태는 피신하지 않기로 결심했다. 일단 8월 10일에 개최된 민청련 5차 총회에서 의장직을 사임했다. 당국의 표적이 된 상태에서 의장직을 계속 맡을 수는 없었다. 그리고 2년여 동안 밤낮으로 긴장하며 운동을 이끌어 오느라 심신이 몹시 지쳐 있었다. 그 상태에서 피신에 따른 긴장과 불안을 감당하는 것도 무리였다.

'민주운동 단체의 대표라는 자존심이 있다. 그들이 탄압한다면 당당하게 맞서는 게 내가 취할 태도이다. 감옥으로 간다 해도 그 안에서 휴식을 취하며 마음을 수련하는 계기로 삼으면 된다.'

김근태는 그렇게 마음을 다잡았다.

남영동, 짐승의 시간

 신변의 위기를 느낀 김근태는 은신하다가 8월 24일, 민통련의 이창복을 만나기 위해 집을 나섰다. 잠복 중이던 형사 여섯 명이 뒤를 따라왔다. 미행을 눈치 챈 김근태는 지하철을 여러 번 갈아타며 결국 미행을 따돌렸다. 민청련 사무실에 들러 잠시 상황을 살피고 다시 이창복과 만나기로 한 커피숍으로 향했다. 하지만 커피숍 근처에는 김근태를 잡기 위해 중부서 정보과 형사 십여 명이 배치되어 있었다.
 그들은 김근태의 전화를 도청하여 약속 시간과 장소를 정확히 알고 미리 기다리고 있었다. 민청련 의장을 그만둔 지 14일 만에 김근태는 체포되었다. 그리고 이틀 후 즉결심판에서 구류 10일을 선고받았다. 그간 들려오던 여러 이야기와 요란한 체포 작전에 비하면 이상하리만큼 가벼운 처분이었다. 하지만 그것은 비극의 시작이었다.

전두환 정권은 들불처럼 일어나는 학생운동과 최소한의 생존권을 요구하는 노동자들의 시위와 농산물 가격 폭락에 항의하는 농민들의 시위를 막아 내는 데 한계를 느끼기 시작했다. 그리고 이런 민중들의 저항이 민청련 같은 조직운동과 결합하는 것에 대해서 두려워하고 있었다. 미문화원 점거 시위가 반복되면 정권 유지가 어렵다고 판단한 전두환 정권은 민청련을 비롯한 저항 세력의 핵심을 일거에 제거할 음모를 꾸미게 된다. 그 음모의 가장 맞춤한 사람이 김근태였다.

김근태가 서부 유치장에서 구류를 사는 동안, 집권세력은 김근태를 어떻게 할 것인가에 대하여 집중적으로 논의하였다. 그리고 강경파가 득세하여 수단과 방법을 가리지 말고 조사하라는 지시를 내린다. 학생운동 조직을 김근태가 배후 조종하였고 국가를 폭력혁명으로 전복시키려 했다는 자백을 받아 내라는 것이었다.

자신을 둘러싸고 엄청난 음모가 진행되는 줄도 모르고 김근태는 구류가 끝나면 당분간 다시 유치장에 올 일이 없을 거라는 생각에 마음이 편해졌다. 지긋지긋한 구류가 벌써 일곱 번째였다. 민청련 의장이라는 무거운 책임감에 눌려 지낸 2년이었다. 며칠이라도 잠을 실컷 자며 쉬고 싶었다.

1985년 9월 4일, 구류가 끝나는 날이었다. 아직 사방이 조용한 새벽 시간인데 잠을 깨웠다. 빗소리가 들리는 새벽 다섯 시 반이었다.

'고맙게도 이렇게 일찍 보내 주나 보다. 아, 빨리 따뜻한 집으로 돌아가고 싶다. 병준이, 병민이 냄새도 맡고 싶다. 고놈들을 안고 방바닥을 구르면 얼마나 좋은 살 냄새가 났던가.'

기쁨과 기대에 덜 깬 잠이 어느새 날아가고 옷을 입는 손길도 급했다. 수사과 사무실을 지나 복도로 나섰다. 순간, 어떤 예감이 머리를 덮쳐 왔다. 건장한 사내들 7, 8명이 복도를 가로막고 있었다.

"김근태 씨죠? 같이 가 주어야겠소."

경상도 사투리의 억양이 밴 사내가 팔을 잡았다.

'구속이구나! 구류 마지막 날에 구속이라니, 완전히 허를 찔렸어.'

아이들의 얼굴이 스쳐 지나갔다. 엉겁결에 당한 습격에 다리가 후들거렸다. 하지만 저들에게 약한 모습을 보이기는 싫었다.

"좋소. 그곳이 어딘지 한번 가 봅시다."

경찰서 마당에는 시동을 건 승용차가 대기하고 있었다. 헤드라이트의 두 불빛이 커다란 짐승의 눈알처럼 내리는 빗줄기를 비치고 있었다.

'그래, 부딪치는 거다. 정치군부가 늘 벌이는 짓이니까, 온몸으로 부딪치자. 절대 굴복하지 않을 것이다.'

뒷자리에서 잠바에 씌워진 채 김근태는 다짐하고 또 다짐했다.

3, 40분쯤 달렸을까, 어느 건물 앞에 도착한 김근태는 5층 맨 끝 방으로 끌려갔다. 남영동이라 불리던, 치안본부의 대공분실 5층 15호였다.

"옷을 벗겨!"
누군가가 명령했다. 함께 차를 타고 왔던 자들이 강제로 옷을 벗기려 했다.
"손대지 마시오. 내가 스스로 벗겠소."
팬티만 남기고 옷을 벗었다. 아직 여름인데도 한기가 온몸으로 퍼졌다.
"진술 거부를 잘한다지? 여기서도 할 거야? 우리는 경찰들과 달라. 몸이 안 좋아 보이는데 어디 아픈가?"
"피로가 누적되어서 그렇소. 방금 구류를 살고 나와서 더욱 그렇소. 원래 어디 가서 몇 달 쉬려고 했소. 그리고 내 의지가 살아 있는 한 나는 진술을 거부할 것이오."
"무릎을 꿇어!"
"반말하지 마시오! 그리고 피의자의 옷을 벗기는 것도, 무릎을 꿇리는 것도 모두 불법이오."
"불법? 불법 같은 소리 하네. 빨리 꿇어!"
덩치들이 김근태를 눌러 바닥에 무릎을 꿇게 했다. 눈에 밴드가 씌워졌다.

"좋다. 해 보자. 우리는 너를 깨부술 거다."

덩치들은 끔찍하고 음산한 소리와 함께 김근태를 잡아끌었다. 그리고 고문대 위에 눕히고 담요로 감싼 다음, 발목과 무릎, 허벅지, 배, 가슴까지 다섯 군데를 꽁꽁 묶었다. 조금이라도 움직일 수 있는 곳은 머리뿐이었다. 머리가 닿는 부분은 받침이 없어서 뒤로 젖혀졌다.

'그래, 견뎌 보자. 언젠가는 닥쳐올 거라고 예상했던 거 아니냐. 일제강점기의 독립운동가들이 당했고 박정희 유신체제에서 수많은 사람들이 당했다. 그분들을 생각하며 버티자.'

얼굴에 수건을 덮고 곧바로 샤워기에서 물이 쏟아지는 소리가 들렸다. 두 사람이 양쪽에서 머리를 잡고 물을 붓기 시작했다. 샤워기로 쏟아지는 물과 주전자에 담긴 물이 동시에 코와 입으로 들어왔다. 처음에는 숨을 참았다가 내쉬며 버텨 보려 했지만 불가능했다. 숨이 탁탁 막히고 속이 뒤집히고, 코에서는 무언가가 타는 것 같은 냄새가 치솟았다.

'아, 이렇게 죽는 것인가. 이 악마 같은 자들의 손에 나는 죽는 것인가? 그럴 수는 없다. 그래, 진술 거부는 포기하자.'

하지만 말을 할 수도 몸을 움직일 수도 없었다. 당신들이 묻는 말에 대답하겠다고 표현하고 싶었지만 표현할 방법이 없었다. 겨우 고개를 아래위로 끄덕일 수 있을 뿐이었다. 그러나 그들은 차디차게 거부했다.

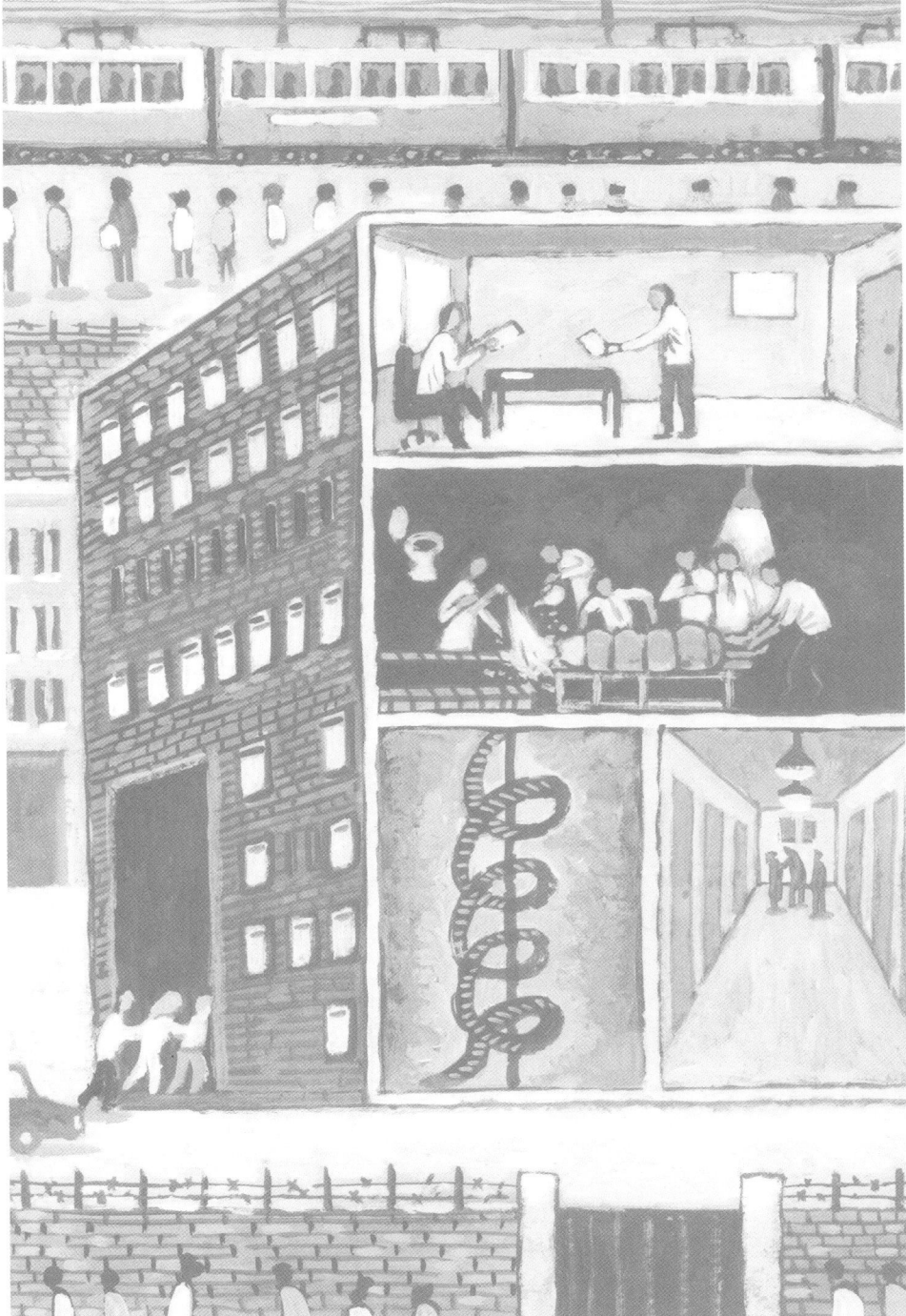

쏴아아, 쏴아아……, 악마의 숨소리 같은 물소리만이 계속되고 코와 입으로 들어온 물은 온몸에 가득 찼다. 천 길 낭떠러지로 아득하게 떨어지는 것 같았다. 막 정신을 잃으려는 찰나, 얼굴을 덮어씌웠던 수건이 치워졌다.

"대답하겠소! 진술 거부를 포기하겠소."

말을 할 수 있게 되자 김근태는 서둘러 외쳤다. 고문을 하던 백남은이 차갑게 물었다.

"무엇을 말할 것인가?"

"묻는 말에는 무어든지 대답하겠소."

"묻는 말에 대답하겠다고? 필요 없어. 아직 정신을 못 차렸구만. 우리가 원하는 것은 항복이야, 항복! 다시 시작해!"

곧바로 다시 물고문이 시작되었다. 맹렬한 물줄기가 쏟아지고 고문자들의 웃음소리가 들려왔다. 죽음의 문턱에서 몸부림치며 고통을 당하는 사람을 앞에 두고 그들은 웃었다. 라디오에서 흘러나오는 노래를 휘파람으로 따라 부르기도 했다. 아, 여기는 지옥인가. 인간은 과연 어떤 존재인지……. 고통 속에서도 절망감이 밀려왔다. 그리고 저자들은 진짜 자신을 죽일 수도 있는 이들이라는 사실에 몸서리가 쳐졌다. 하지만 그것도 잠시, 온몸이 터져 나갈 것 같은 고통에 끝없는 비명만 질러 댈 수밖에 없었다. 시간은 정지하고 오로지 물소리만, 저주받을 물소리만 이 세상에 존재하는 유일한 실체였다.

"이제 항복하는 거지, 응? 다 진술할 거지?"

누군가의 목소리가 들려왔다. 그 말이 지옥에서 들려오는 구원의 음성 같았다. 김근태는 있는 힘을 다해 고개를 끄덕였다. 수건을 치우자마자 마구 구역질이 나왔다. 속이 뒤집히며 멀건 물이 좌악, 좍 쏟아져 나왔다. 고문대 위에서 풀려난 김근태가 비틀거리며 의자에 앉았다. 침침했던 사방이 조금씩 눈에 들어왔다. 백남은의 손목시계는 12시 30분을 가리키고 있었다.

'기억해야 한다. 이 야수적인 고문을 폭로하기 위해 정확한 날짜와 시간을 머리에 새겨 두어야 한다.'

김근태는 악착같이 정신을 차리며 그 시간을 기억했다. 일곱 시 반에 시작해 무려 다섯 시간이나 고문을 받은 것이었다.

고문자들은 무언가를 묻고 김근태는 대답했다. 고문의 충격으로 생각이 갈피를 잡을 수 없었고 무슨 질문을 하는지도 잘 이해가 되지 않았다. 고문자들은 다시 김근태를 고문대에 묶었다. 그들은 고문대를 칠성판이라고 불렀다. 죽은 시체를 눕히는 칠성판! 맞는 말이었다. 그 판 위에는 오직 항복과 죽음만이 기다리고 있었다.

"너는 폭력혁명주의자고 사회주의 사상을 가지고 있어. 그렇지?"

"아니오. 나는 우리 사회가 민주적으로 발전하기를 바라는 사람일 뿐이오."

김근태는 자신을 옭아매려는 올가미가 얼마나 무서운 것인지 알고 있었다. 폭력혁명이니 사회주의니 하는 혐의를 쓰고 나면 사형을 당할 수도 있었다. 많은 선배 운동가들이 그렇게 형장의 이슬로 사라졌다.

다시 고문이 시작되고 김근태는 아니라고 버텼다. 하지만 그 누구도 고문을 이길 수는 없었다. 죽음의 문턱에 이르면 무엇이든 그들이 요구하는 대답을 할 수밖에 없다. 당신들 말이 맞다고, 나는 폭력혁명주의자에 사회주의자가 맞다고 시인했다. 그러면서 재판을 받게 되었을 때 이 모든 진술이 고문으로 인해 조작된 것임을 밝히겠다는 결심을 했다.

"학생운동권을 배후 조종하는 놈이 누구야? 너는 의장이니까 직접 학생들을 만나지는 않았을 테고 네 밑에 하수인이 있겠지?"

그들은 학생들의 배후로 민청련을 몰아가고 있었다. 계속되는 고문은 또 다섯 시간을 넘기고 있었다. 또다시 죽음의 문턱에서 이범영이라는 이름을 말해 주었다. 그는 이미 도피 중이기 때문에 별 피해가 없으리라는 계산이었다.

고문기술자 이근안

두 번째 물고문이 끝난 시간이 새벽 한 시였다. 김근태의 발뒤꿈치와 팔꿈치는 몸부림치면서 너덜너덜 찢겨졌다. 그렇지만 아픔이 느껴지지도 않았다. 폭력에 의해 무릎을 꿇었다는 수치심과 고문에 대한 두려움이 뒤섞여 감정이 혼란스러웠다. 거기에 대고 고문자들은 밤새 무언가를 물으며 시인하기를 강요했다.

그리고 다음 날, 사무용 가방을 든 건장한 사내가 나타났다. 키는 그다지 크지 않았지만 상당히 몸집이 좋고 불도그같이 생긴 자였다.

"네가 김근태냐? 그동안 장의사가 한가해서 심심했는데 일감이 생겨서 살맛이 나는구나. 차근차근 해 나갈 테니 각오해!"

그는 이근안이었다. 전기고문을 전문적으로 하는 고문기술자, 수많은 민주운동가들에게 악랄한 방식의 고문을 가하고 결국 죽게 만든 자였다.

그들은 한 장 남은 팬티마저 벗겼다. 다시 고문대 위에 묶고 발가락 사이에 전깃줄을 연결했다. 그리고 물고문을 시작했다. 온몸이 물과 땀에 젖어 버둥거리자 고문기술자가 전기 스위치를 넣었다. 젖은 몸에 전류가 통하자 말로 표현할 수 없는 엄청난 고통이 밀려왔다. 뜨겁게 달군 쇳덩이가 몸속으로 파고드는 느낌이었다. 그 불덩이가 온몸을 바싹 말리고 뜨거운 기름을 덮어쓰는 것 같은 고통, 그리고 다시 핏줄을 당겼다가 마디마디 끊는 것 같은 고통이었다. 머리가 빠개질 듯이 아프고 죽음의 그림자가 눈앞에 어른거렸다.

"아, 그냥 죽여 주시오. 차라리 죽여 주시오!"

김근태는 비명을 지르며 몸부림쳤다. 하지만 고문하는 자들은 마치 자신의 기술을 자랑이라도 하듯이 무표정하게 전기를 강하게 했다, 약하게 했다를 반복할 뿐이었다. 전기고문으로 담요와 몸이 바싹 마르면 다른 자들이 다시 물고문을 시작했다. 그렇게 물고문과 전기고문을 번갈아 가며 자행하는 그들은 인간이 아니었다. 차라리 지옥에서 온 야차와도 같았다.

"올해 아들놈이 체력장을 치는데 잘할지 모르겠어. 몸이 약해서 말이야."

"나도 요즘 시집보낸 딸 생각이 자주 나. 잘살고 있는지, 원."

그러나 꼼짝 못하고 누워 있는 한 인간에게 물을 붓고 전기를 흘리는, 그렇게 생명이 죽어 가는 비명을 듣는 자들도 집으로 돌아가면 가족을 사랑하는 아버지였다. 어떻게 그럴 수가 있을까? 김근태는 인간이 지닌 양면성에 대해 절망했다. 딱 한 사람, 고문을 하던 자 중에 희망을 보여 준 사람이 있었다. 7, 8명이나 되는 고문자들이 나가고 그 혼자 잠시 남게 되었을 때 그가 다가오더니 문득 손을 잡았다.

"여기 있으면 큰일 납니다. 허위로라도 다 인정하고 일단 여기서 나가야 합니다. 아니면 죽게 됩니다."

눈에는 눈물이 고였고 목소리는 울먹였다. 뜻밖이었다. 그 역시 다른 자들과 마찬가지로 물고문을 하던 자였다. 그를 보고 김근태는 지옥 같은 남영동에서도 인간에 대한 희미한 희망을 이어 갈 수 있었다.

죽음과도 같은 고문은 계속되었다. 하나를 불고 나면 다시 더 나아갔다. 심지어 평양을 다녀왔다는 자백을 강요했다. 완강히 아니라고 했지만 고문 앞에서는 소용없었다. 삼천포에서 배를 타고 평양을 다녀왔다고, 부산보다 더 쉽게 왔다 갔다 한 걸로 조서가 꾸며졌다. 그자들이 요구하는 대로 다 자백하면 사형을 받을 수도 있다는 걸 알았지만, 고문대 위에서 그런 판단력 따위는 아무 소용이 없었다.

다음 날도, 그다음 날도 고문은 계속되었다.

"우리는 네가 죽어도 상관없어. 심장마비라는 의사 진단서 한 장이면 우리는 다 빠져나가거든. 죽은 너만 억울한 거지."

정말 그들은 죽일 듯이 고문을 했다. 살이 타고 고통에 못 이겨 지르는 비명으로 목에서는 피가 올라왔다. 어서 죽었으면 좋겠다는, 고문이 아니라면 죽음조차도 편안할 것 같다는 생각이 끊임없이 떠올랐다. 무엇이든 원하는 대로 다 자백을 하겠다고 완전히 항복할 때까지 고문을 결코 멈추지 않았다. 하지만 원하는 자백을 듣고 나면 또 다른 자백을 요구하고, 다시 고문이 시작되었다.

"지금은 네가 당하고 나중에 민주화가 되면 내가 그 고문대 위에서 당해 주마. 그때 네가 복수해라."

고문기술자는 그런 말 같지도 않은 말을 하기도 했다. 한 번 시작하면 다섯 시간 정도 고문이 이어졌다.

"아주 악랄한 자구만. 이십 대 중반에 벌써 유서까지 써 놓고 민주화 투쟁을 하는 악질분자였더구만."

'유서라고? 그런 것은 쓴 적이 없는데. 이자들이 또 무슨 꿍꿍이지?'

그들이 내민 것은 1973년도, 그러니까 김근태가 수배 중일 때 크리스천아카데미에서 행한 어느 교육에 참가했을 때의 것이었다. 사회나 노동문제를 집중적으로 교육하고 마지막 날에 한 프로그램이 자신의 일생 계획을 작성하는 일이었다. 몇 년 안에 무엇을 하고, 언제쯤 결혼을 했다가, 어떻게 살고, 죽음을 맞이했을 때 묘비명으로 남기고 싶은 말을 쓰는 시간이었는데 미래를 알 수는 없으니까, 대충 계산해서 썼다.

이십 대 중반이던 김근태는, 삼십 대 중반까지 노동자, 농민을 위한 정당이 세워졌으면 좋겠고, 통일을 이루기 위해 노력하겠다고 썼다. 그리고 2016년쯤, 일흔 살이 되었을 때 죽음을 맞이하고 싶다고 했다. 묘비명은 간략하게 '여기에 사랑하던 사람이 잠들다'라고 작성했다.

오래되어서 기억도 잘 나지 않는 것을 가지고 고문자들은 또 지독하게 고문을 했다. 십여 차례에 이르는 가혹한 고문을 통해 민청련은 '민족민주혁명론'을 지도 이념으로 하는 '반국가단체'가 되었다. 김근태는 반국가단체의 수괴가 되었고 이는 곧 사형을 의미했다.

마지막 고문대 위에서 그것을 시인하고 김근태는 하염없이 눈물을 흘렸다. 눈물을 흘리며 결심했다.

'그래, 40년을 살아왔다. 유관순도, 윤동주도, 광주의 수많은 선량한 시민들도 그렇게 살해당했다. 추하게 정치군부세력들에게 굽실대지 않겠다. 우리나라 민주주의의 제단에 내 목숨을 바치겠다.'

기적이 일어나다

1985년 9월 26일 오후 두 시, 김근태가 참혹하게 당했던 남영동을 떠나 다시 구치감으로 옮기는 날이었다. 앞으로 길고 험난한 재판 과정이 기다리고 있었다. 고문에 못 이겨 자백한 내용으로 자신의 목숨을 빼앗으려 하는 자들과의 싸움이었다. 그 싸움에서 이기는 유일한 방법은 자신의 모든 자백이 고문에 의해 조작되었음을 밝히는 길이었다. 지옥 같았던 남영동을 떠나며 김근태는 다시 한 번 마음을 추슬렀다.

"김수현과 백남은을 불러 주시오."

그 둘은 모든 고문 과정을 감독하고 직접 참여하기도 한 자들이었다. 책상을 사이에 두고 잠시 이야기를 나누었다. 그들은 얼마간

질리는 표정이었다. 그토록 무지막지한 고문을 당한 사람이 마지막으로 돌아가면서 자신들을 보자고 할 줄 상상도 못했을 것이었다. 김근태가 먼저 악수를 청했다. 당당하게 손을 내밀었지만 속으로는 피울음을 울고 있었다.

'내가 당신들에게 짐승처럼 당하고 간다. 하지만 나는 잊지 않을 것이다. 이 악마 같은 자들이 내 목숨을 쥐고 흔들었고 그 폭력 앞에 굴복했던 끔찍한 지옥을 결코 잊지 않을 것이다.'

똑바로 김수현의 눈을 바라보며 악수를 했다. 그런데 이상한 일이었다. 고문실에서는 그토록 거인처럼 보였던 김수현이 점점 작아지더니 오히려 김근태보다도 작아 보였다. 제일 지독하게 고문했던 이근안도 찾았지만 그는 없었다.

남영동의 굳은 문이 열리고 김근태를 태운 승용차가 거리로 나왔다. 푸른 하늘이 보이고 사람들은 경쾌한 걸음으로 거리를 오갔다. 불과 23일 만에 다시 보는 서울거리인데도 완전히 다른 세상 같았다. 바싹 말라 죽어 가던 생명에 햇빛과 맑은 물이 흘러들어 가는 것 같았다. 한편으로는 야수와 같은 시간을 보내는 동안 세상이 아무 일도 없었다는 듯 그대로인 것이 비현실적으로 보이기도 했다.

김근태를 태운 승용차는 대검찰청으로 향했다. 함께 타고 온 남영동 요원들이 김근태를 대검 공안부 요원에게 인계하고 돌아갔다. 그들은 자신들이 조작한 사건을 훌륭하게 마무리했다는 기쁨에 휘파람을 불며 돌아갔을 것이다. 그리고 인계받은 검찰에서도 별달리 경계하지 않았다. 당연한 것이었다. 이미 자백을 하고 조서까지 완벽하게 작성되었고 거의 쓰러질 듯 비틀거리는 연약한 피의자가 자신들의 손에 넘어왔을 뿐이니까. 그리고 나른한 오후 세 시, 엘리베이터를 타고 5층 검사실로 들어가기만 하면 모든 게 끝이었다.

그런데 기적이 그 짧은 사이에, 칼날 하나가 겨우 들어갈 만한 그 짧은 순간에 일어났다.

김근태를 태운 엘리베이터가 5층에 서고 문이 열렸다. 그런데 문이 열리자마자 맨 처음 나타난 얼굴이 놀랍게도 인재근이었다. 꿈인가? 정녕 생시에 일어난 일인가? 김근태도, 마주 보는 인재근도 그 자리에 얼어 버렸다. 그러나 곧 두 사람은 만남의 의미를 알아차렸다. 인재근의 얼굴에서 놀라움이 걷히며 눈물이 고였다. 그 눈물이 김근태 안에 꺼져 있던 엔진에 스파크를 일으켰다. 짓밟혀 찌그러 들었던 존재가 빠른 속도로 깨어나기 시작했다.

'인재근에게 알려야 한다. 이 세상에서 이 일을 가장 잘 해 나갈 사람은 인재근이다.'

김근태는 빠르게 말하기 시작했다.

"잘 들어. 난 고문을 당했어. 한 번에 다섯 시간씩 열 차례를 당했어. 물고문, 전기고문, 집단 폭행……."

숨이 막혔다. 옆에 있던 경관들이 제지하며 김근태를 대기실로 떠밀었다. 인재근은 악착같이 따라왔다.

"날짜는 4일, 8일, 13일에 각 두 번씩, 그리고 5일, 6일, 10일, 20일은 한 번씩 당했어. 온몸 다섯 군데를 꼼짝 못하게 묶었고 고통에 못 이겨 몸부림치다가 발뒤꿈치와 팔꿈치에 똑같은 상처가 났어. 자, 잘 봐."

김근태는 양말을 벗어 상처를 보여 주었다. 최대한 빠르고 정확하게 전해야 한다는 심정에 말이 제대로 나오는지 알 수 없었다. 그러나 표정이 모든 것을 말해 주었다. 인재근의 얼굴이 잠시 멍해지더니 기가 막히다는 표정이었다가 맹렬한 분노가 피어올랐다. 눈물이 고이다가 마치 통곡하는 사람의 표정으로 변해 가는 인재근의 얼굴은 김근태가 겪은 참혹함을 통째로 이해하고 있었다. 그것은 고스란히 김근태에게 전해졌다. 인재근이 잠시 대기실에서 나가더니 아이를 업은 최정순과 함께 돌아왔다. 최정순은 구속된 이을호의 부인이었다. 최정순 역시 김근태의 상처를 망막 안에 아로새기겠다는 듯 부릅뜬 눈으로 바라보았다.

잠시 후 인재근의 부축을 받으며 담당 검사 방으로 들어갔다. 검사를 마주하자마자 고문 사실을 이야기했다. 이어서 들어온 김상철 변호사에게도 상처를 보여 주고 정확하게 기억을 더듬어 알렸다. 손을 잡은 인재근이 온몸을 부들부들 떨었고 그 울림은 심장을 적셔 오는 듯했다. 이야기를 들어 주는 검사조차도 김근태의 편처럼 느껴졌다. 그랬다. 짐승 우리에서 풀려나 처음으로 사람을 만난 것이었다. 인간의 고통에 아파하고 공감하는, 눈물 흘리고 분노하는 사람의 세상으로 돌아온 것이었다. 그것은 김근태가 살고 있고, 사랑하는 사람의 영토였다.

인재근은 김근태의 행방이 사라진 후로 매일 대검찰청으로 왔다. 어디서 어떤 조사를 받든 나중에는 검찰청으로 오리라고 판단하였다. 그래서 대검 공안부가 있는 5층에서 기약 없는 기다림을 이어 가던 중에 기적처럼 김근태를 만난 것이었다.

검사 방에서 나와 구치소로 가는 차에 타기 직전, 김근태는 인재근을 향해 힘껏 웃어 주었다. 사람에 대한 믿음을 회복하기 시작한 김근태의 환한 웃음이었다.

인재근은 김근태의 뜻을 정확히 알고 있었다. 검찰청에서 돌아오자마자 인재근은 특유의 활동력으로 맹렬하게 움직였다. 다음 날 곧바로 김근태에 대한 살인적인 고문 수사가 폭로되었다. 언론 보도가 통제되었지만 고문 사실은 빠르게 퍼져 나갔고 사람들은 분노했다. 많은 민주인사들과 더불어 김대중, 김영삼이 공동의장을 맡은 '민주화운동에 대한 고문 수사 및 용공 조작 공동대책위원회'가 결성되었다.

전두환 정권은 고문으로 김근태를 무너뜨리려 했지만, 오히려 정권이 위기에 몰리는 상황으로 반전되었다. 김근태에게 가해진 고문은 우리나라뿐 아니라 세계의 유수한 언론에 의해 전 세계에 보도되었고 국제적인 사건으로 커져 갔다. 이에 대해 군부정권은 고문을 은폐하기 위해 온갖 공작을 벌이기 시작했다.

수인이 되어

 재판정은 고문 수사의 폭로장이 되었다. 김근태는 형사소송법에서 보장하는 피의자 모두진술을 활용하여 고문 사실을 구체적으로 폭로하였다. 처절한 고문과 죽음을 넘나들던 순간이 낱낱이 김근태의 입에서 흘러나오며 재판정은 울음바다가 되었다.
 "네가 국제적으로 유명해졌다. 아마 재판도 유리하게 될 것 같다."
 형이 면회를 왔다. 김근태는 억지로 웃어 주었다.
 "참혹하게 매 맞아서 유명해지고 싶지는 않았어요. 형, 박사 과정을 마쳤다며? 늦은 나이에 고생했겠네요."
 "고생은 네가 했지……, 미안하다."
 "형이 왜 미안해요……. 술 너무 많이 마시지 말고, 내가 마실 것도 좀 남겨 둬요."

이 무렵, 대학 교수가 된 김국태는 거의 날마다 술을 마셨다. 감옥에 갇힌 아우 생각에 분하고 괴로워서 술을 마시지 않으면 잠이 오지 않았다. 겉으로는 무뚝뚝했지만 김근태에게는 내내 큰 힘이 된 형이었다.

고문으로 조작된 사건임이 만천하에 밝혀졌지만, 단 한 군데에서만은 끝까지 부인하였다. 바로 고문을 명령한 군부세력과 그 하수인인 법정이었다. 민주주의 사회에서 고문으로 강요된 자백은 무효다. 하지만 재판부는 민주주의 원칙을 짓밟고 김근태에게 1심에서 징역 7년을 선고하였다. 저들이 음모를 꾸민 것처럼 사형을 선고하지는 못했지만 고문 수사를 인정한 부끄러운 판결이었다.

1985년에서 다음 해로 넘어가는 겨울은 지독하게 추웠다. 벽에 찼던 습기가 얼어붙어 벽은 얼음 빙판이었다. 저녁이 되어 형광등에 불이 켜지면 벽의 얼음이 새파랗게 빛을 발했다. 더러운 매트리스에는 파란 곰팡이가 슬고 비닐로 겨우 막은 창문에서는 칼바람이 들어왔다. 고문받을 때 악물었던 이가 모두 흔들리고 아파서 밥을 먹을 수도 없었다.

김근태는 그 추운 방에서 겨울을 나야 했다. 그러나 날마다 면회를 오는 인재근과 수많은 민주인사들을 만나면서 서서히 자신감이 살아났다.

'아프면 안 된다. 아파서 쓰러지면 군부세력에게 또 한 번 패배하는 것이다. 남영동에서 굴복한 것으로 끝이다. 다시는 패배할 수 없다.'

 봄이 오면서 몸과 마음의 건강이 눈에 띄게 회복되었다. 인재근이 넣어 주는 과일과 우유, 음료수를 먹으며 반드시 몸을 추슬러야 한다고 결심했다. 그렇지만 황폐한 감옥 생활이 주는 고통은 참기 어려운 것이었다. 남달리 예민한 감수성을 가진 김근태에게는 따뜻함이 필요했다. 그 자신이 한없이 따뜻한 사람이었고, 어쩌면 따뜻함을 본능적으로 갈구하는 사람이었다. 그런 그에게 감옥의 싸늘한 황폐함은 견디기 어려운 것이었다.

 깊은 밤이었다. 옅은 잠에 들었다 가위에 눌려 눈을 떴다. 어슴푸레한 빛이 퍼져 있는 감방 안, 조용하다. 멀리서 시멘트 바닥을 딛고 가는 간수의 발소리가 몇 번 들려오더니 사라져 간다. 춥다. 누군가 옆에 있으면 좋겠다. 인재근이, 병준이가, 다섯 살이 된 병민이가 보고 싶다. 그러나 그것은 꿈도 꿀 수 없다. 아무나, 그게 누구든지 마주 앉아서 뜨거운 보리차 한 잔을 후후, 불며 마시고 싶다. 조용히 구수한 보리차를 마시며 내리는 눈을 바라보고 싶다. 아, 그것도 내게는 불허의 품목이다. 옆방에 누구라도 있었으면, 그래서 그가 가볍게 코를 고는 소리라도 들려왔으면. 하지만 양쪽 방은 다 비어 있다. 저들은 내게서 어떤 것이라도 흘러 나갈까 두려워 나를 뚝 떨어진 곳에 차단시켜 버렸다. 이불을 끌어당겨 머리까지 뒤집어쓴다. 세상에서 가장 외진 곳에 버려져 있다는 느낌이 가슴을 친다. 아니라고, 내게는 아내와 사랑하는 두 자식이 있고, 함께 가는 동지들이 있다고 마음을 다잡아도 외로움과 바싹 마른 황량함이 쉬지 않고 밀려온다.

봄날의 햇살, 물오른 버드나무에서 피어나는 파릇한 버들강아지, 면회 온 인재근이 벗어 놓은 머플러에 손을 올렸을 때의 따뜻한 감촉, 언젠가 병민이의 젖병을 씻으며 손등에 쏟아지던 물의 감촉까지 가슴 저리게 그리웠다. 아이들 둘을 한꺼번에 등에 태우고 마루를 기어 다닐 때, 등에 느껴지던 폭신하고 따뜻했던 엉덩이는 얼마나 좋았던가. 병민이가 떨어질까 봐 손을 잡고 함께 마루를 돌던 인재근의 웃음소리도. 이불 속으로 더욱 고개를 처박으며 김근태는 신음했다.

추위와 알 수 없는 외로움, 그리움 따위가 뒤섞여 머릿속에서 마른 낙엽이 바스락대는 것 같았다. 그런데 아니었다. 바로 머리 아래 마루 밑바닥에서 무언가 소리가 났다. 처음에는 누군가가 벽을 긁는 소리인 줄 알았다. 조금 지나자 그 소리는 작은 짐승의 소리로 변했다. 쥐였다. 그런데 쥐들이 내는 소리는 평소의 듣기 싫고 날카로운 소리가 아니었다. 마치 대화를 하듯 두 마리가 부드러운 소리로 화답하고 분명 서로를 부비는 소리가 났다. 귀를 세웠다. 두 마리의 쥐가 마루 밑바닥에서, 그러니까 그들의 보금자리에서 사랑을 나누고 있었다. 쥐들의 사랑이라니! 머릿속에서는 말도 안 된다고 하는데, 가슴속에서는 사랑이라는 말이 하염없이 맴돌았다. 쥐들이 찍찍거리며 서로를 핥는 소리가 마치 구원의 음성처럼 들려왔다. 그것이었다. 다시 힘을 내게 하는 것은 언제나 사랑이었다.

저 청한 하늘 저 흰 구름 왜 나를 울리나
밤 새워 물어뜯어도 닿지 않는 마지막 살의 그리움
피만 흐르네 더운 여름날 썩은 피만 흐르네
함께 답해라 아아 끝없는 새하얀 사슬 소리여

낮이 밝을수록 어두워 가는 암흑 속의 별밭
청한 하늘 푸르른 저 산맥 너머 멀리 떠나가는 새
왜 날 울리나 눈부신 햇살 새하얀 저 구름
죽어 너 되는 날의 아득함 아아 묶인 이 가슴

조그만 창문을 내다보며 노래를 불렀다. 김지하 시에 곡을 붙인 〈새〉라는 노래였다. 마치 자신을 위해 지은 노래 같았다. 갇힌 새라는 이미지에 어쩔 수 없이 목이 메어 왔다. 그렇지만 묘한 힘이 있는 노래였다. 부르다 보면 저도 모르게 목청이 커지곤 했다. 김지하의 『황토』라는 시집을 읽었을 때도 그랬다. 은밀하게 돌아다니던 시집을 구해 읽었을 때 전율하던 기억, 갑오농민전쟁부터 이어진 피 어린 역사를 간결한 언어에 담아 선명하게 보여 주는 시들은 충격이었다.

김근태는 노래를 좋아했다. 김민기의 〈아침이슬〉, 양희은의 〈이루어질 수 없는 사랑〉, 그리고 윤형주와 송창식의 노래를 자주 듣고 불렀다. 감옥에서 부르는 노래들은 더욱 각별했다. 외롭고 그리워서였다. 노래를 부르면 목이 메고 눈물이 흘러 끝까지 부르지 못하고 중단했다가 다시 부르곤 했다. 몇 번이나 그렇게 거듭하다 보면 마음이 얼마간 개운해졌다.

서대문 구치소에는 스피커가 설치되어 있었다. 성능이 나빠서 잡음이 더 많이 들리고 레코드판을 한 번 걸어 놓으면 끊임없이 같은 노래가 되풀이되기도 했다. 그 와중에도 김근태는 스피커에서 나오는 노래 몇 가지를 배웠다. 신형원의 〈불씨〉, 조동진의 〈행복한 사람〉, 조용필의 〈친구여〉 같은 노래였다. 그리고 최진희의 〈사랑의 미로〉도 있었다. 최진희의 노래는 가사가 너무 상투적이고 진부했지만 흐느끼고 갈구하는 듯한 무언가가 김근태의 마음 한구석을 건드렸다. 김근태는 〈사랑의 미로〉를 열심히 따라 부르고 연습을 해서 꽤 자신감이 붙었다.

김근태가 그 노래를 연습한 것은 이유가 있었다. 헌신적인 아내이자 동지인 인재근의 생일에 선물을 해 주고 싶었다. 그러나 감옥에서 해 줄 수 있는 선물은 아무것도 없었다. 그래서 노래를 불러 주자고 마음속으로 작정을 했던 것이다.

인재근의 생일은 음력으로 11월 11일이었다. 김근태가 구치소에 있던 그해는 양력으로 12월 22일이었다. 그날도 인재근은 면회를 왔다. 구멍이 뚫린 유리창을 사이에 두고 두 사람이 앉았다.

"크음, 큼. 오늘 인재근 씨 생일이잖소? 크음."

"왜 그래요? 목이 안 좋아요?"

"그게 아니고. 내가 생일 선물을 준비했거든. 그런데 목이 좀 가라앉은 것 같아서."

"감옥에 있는 사람이 무슨 선물을 준다고 해요? 나 오늘 아침에 미역국 끓여 먹고 왔거든요."

인재근의 목소리는 밝고 씩씩했다. 그 순간, 김근태의 입이 열리며 나지막하게 노래가 흘러나왔다.

"그토록 다짐을 하건만 사랑은 알 수 없어요."

여러 번 연습했고 자신도 있었는데 노래는 처음부터 떨려 나왔다. 인재근의 눈이 커다래지더니, 순식간에 눈물이 고였다.

"사랑으로 눈먼 가슴은 진실 하나에 울지요."

두 소절이 채 끝나기 전에 고였던 눈물이 흘러내렸다. 김근태도 목이 메었다. 당연히 음정이 불안해지고 노래도 생각했던 것처럼 나오지 않았다. 남편은 노래를 부르고 아내는 눈물을 흘리며 듣고 있는 광경은 곁에 있던 교도관마저 눈시울을 붉히게 했다.

"……끝도 시작도 없이 아득한 사랑의 미로여."

가까스로 노래를 마친 김근태는 계면쩍은 웃음을 짓고 눈물을 그친 인재근은 환하게 웃고 있었다.

"역시 김근태 씨는 낭만주의자라니까! 나 같으면 상상도 못 할 생일 선물이네요. 고마워요."

그렇게 김근태는 다시 일어서고 있었다.

세계적인 양심수

김근태가 옥중에 있는 동안 한국 사회는 요동을 치고 있었다. 군부 독재에 대한 국민들의 저항이 강력해지자, 당황한 군부세력은 더욱 억압을 강화했다. 김근태의 고문 폭로에 이어 부천경찰서 성고문 사건이 터지고 기어이 서울대생 박종철이 고문에 의해 숨지는 일이 발생했다. 박종철 역시 김근태가 받은 물고문으로 목숨을 잃었다. 겨우 스물세 살의 젊은 대학생이었다. 박종철의 죽음을 들은 김근태는 감옥 안에서 단식을 시작했다. 도저히 참을 수가 없었다. 고문대 위에서 비명을 지르다 죽어 갔을 박종철을 생각하며 분노의 눈물을 삼켰다.

'아, 종철이의 위장에는 아무것도 없었을 것이다. 놈들은 물고문을 하기 전에 밥을 주지 않았으니까. 텅 빈 위장에 물만 가득 차서 어둠 속으로 생명이 꺼져 갔을 순간. 그 순간이 너와 나를 갈랐다. 나는 살고 너는 죽었구나. 정녕 민주주의는 얼마나 더 많은 피와 목숨을 바쳐야 이루어지려는가.'

감옥 벽을 주먹으로 치고 발길로 찼다. 분노가 치솟아 견딜 수가 없었다.

마침내 국민들은 야수와도 같은 군부에 맞서 총궐기하였다. 전국에서 독재를 규탄하고 민주 헌법을 쟁취하기 위해 수많은 사람들이 일어섰다. 몇몇 사람들이 체육관에 모여 대통령을 뽑는 반민주적인 선거는 박정희의 유신 이래 지속되고 있었다. 내 손으로 대통령을 직접 뽑자는 국민들의 함성은 온 나라를 뒤덮었고 마침내 군부독재 세력은 굴복하지 않을 수 없었다.

당시 집권당 대표이자 대통령 후보였던 노태우는 국민들에게 항복 선언을 하고 대통령 직선제를 받아들였다. 15년 만에 직접투표라는 기본적인 민주제도를 국민들의 힘으로 되찾은 것이었다. 감옥에서 소식을 들은 김근태는 기쁨의 눈물을 흘렸다.

'역시 국민의 힘은 위대하다. 때로는 너무 늦게 깨어나는 것 같아 안타깝기도 했지만 우리 민족은 민주주의의 길로 나아갈 것이다. 국민과 함께 나 역시 그 길을 쉬지 않고 갈 것이다.'

한편으로는 석방에 대한 기대도 생겼다. 그들이 항복한 이상 자신을 더 감옥에 묶어 두지 못할 거라는 당연한 기대였다. 하지만 김근태는 광복절 특사에도, 대통령 선거가 끝난 성탄절 특사에도 끼지 못했다. 세 번째 겨울이 닥쳐오고 있었다.

감옥에 갇힌 지 2년쯤 지났을 때, 미국의 케네디 인권재단에서 김근태와 인재근이 '케네디 인권상' 수상자로 결정되었다고 발표했다. 제3세계 인권운동가에게 주는 인권상으로, 세계적으로 권위 있는 상이었다. 미국의 양심적인 사람들이 재단을 이끌고 있었고 그들은 한국의 민주화운동을 적극적으로 지지하는 입장이었다. 하지만 부부는 쉽게 결정을 내리지 못했다.

"대체 그 상이 무엇이오? 미국이 자신들의 잘못을 대외적으로 숨기기 위해 하나쯤 던져 주는 상이라면 결코 받을 수 없소."

김근태는 우리 현대사에서 미국이 해 온 역할들을 잘 알고 있었다. 분단과 전쟁의 책임을 미국 역시 비켜 갈 수 없었다. 더욱이 광주민주화운동 당시 미국은 전두환의 학살을 방조한 책임이 있었다.

"물론 우리보다 더한 고초를 받은 분들께 돌아가는 게 맞다고 생각해요. 하지만 이 상을 명예라고 생각하는 게 아니라, 우리나라 민주화운동을 세계에 알리고 국제적인 연대를 끌어내는 계기로 삼을 수도 있다고 봐요."

인재근이 김근태를 설득했다. 부부는 고심 끝에 상을 받기로 결정했다. 하지만 김근태·인재근 부부가 세계적인 인권상을 받는다는 것은 군부정권에게 결코 달갑잖은 일이었다. 그들은 시상식에 가려는 인재근에게 여권을 내주지 않았다. 케네디 재단 측은 직접 한국으로 와서 상을 주겠다고 했지만 그마저도 재단 관련자들에게 비자를 내주지 않았다. 미국 내에서 상당한 영향력을 가진 재단의 대표를 아예 입국조차 못 하게 막자, 심각한 외교문제로 번져 갔다. 그제야 비자를 내주어 이듬해인 1988년 5월에 가톨릭 강당에서 비로소 시상식이 거행되었다.

미국뿐 아니었다. 독일의 함부르크 자유재단에서는 김근태를 '세계의 양심수'로 선포하였다. 미국과 유럽의 여러 언론에서 김근태를 크게 다루자, 정권은 부담을 느끼게 되었다. 김근태를 계속 감옥에 두는 것은 인권 후진국이라는 것을 스스로 인정하는 꼴이었다. 인권상을 수상한 지 한 달 후 마침내 김근태는 감옥에서 나왔다.

감옥에서 나온 김근태는 민주주의에 대한 뜨거운 신념으로 곧바로 민족민주운동에 뛰어들었다. 전두환의 뒤를 이어 대통령이 된 노태우 역시 군부독재라는 본질은 변함이 없었다. 생존권을 위해 나선 노동자와 농민 들을 가혹하게 탄압하였고 독재에 반대하는 사람들에게 공산주의라는 딱지를 붙여 감옥에 보내는 일도 서슴지 않았다. 비록 대통령을 직접 뽑는 정도의 민주화는 이룩했지만 진정으로 국민이 주인인 민주주의의 길은 아직도 멀었다.

감옥에서 나온 지 몇 달이 지난 1988년 12월, 김근태는 서울 광장동에 있는 미국계 회사 모토롤라의 한국지사 앞으로 달려갔다. 회사는 노동조합을 만들려는 노동자들에 맞서 아예 회사 문을 닫겠다고 협박을 하고 있었다. 이미 네 명의 노동자들이 방화에 의한 화상으로 병원에 입원한 상태였다. 노동조합을 지키려는 열한 명의 노동자들이 회사 측이 고용한 수백 명의 비조합원 단체에 둘러싸여 있었다. 노동자들의 생명이 위험했다. 김근태는 빵과 우유를 사들고 공장 안으로 들어갔다.

"저 안에 있는 노동자들에게 이거라도 전달하게 해 주시오. 내가 들어가서 평화적으로 해결할 방도를 찾아보겠소."

하지만 아무도 대답하는 사람이 없었다. 그리고 곧이어 소방 호스에서 물이 쏟아지기 시작했다. 김근태를 겨냥한 물줄기는 추운 허공을 가르며 거세게 부딪쳐 왔다. 주위에 있던 몇몇이 견디지 못하고 공장을 빠져나갔다. 공장 마당에서는 김근태 홀로 차갑고 굵은 물줄기에 맞서고 있었다.

'피할 수 없다. 포위되어 두려움에 떨고 있는 노동자들을 생각하며 버티자. 노동자들에게 가혹한 폭력을 행사하는 공권력에 져서는 안 된다.'

물줄기는 김근태의 의지를 꺾고 말겠다는 듯 거셌다. 뒤로 돌아 등으로 물을 맞았다. 추위와 쏟아지는 물소리에 남영동의 기억이 떠올랐다. 아무도 없는 곳에서 홀로 무력하게 당했던 시간들, 이

땅의 노동자들 역시 같은 신세였다. 분했다. 세상에 필요한 모든 것을 만들어 내는 노동자들이 가장 낮은 곳에서 천대받는 이런 사회는 반드시 바뀌어야 했다. 물줄기에 맞서 주먹을 쥐고 이를 악물었다. 살을 에는 추위가 몰아치던 밤이었다.

국민의 편에서

김근태는 노태우 정권하에서 또다시 감옥에 갔다. 당시 여당인 민자당 반대 시위와 전국민족민주연합 활동을 주도한 혐의였다. 감옥에서 나온 지 2년 만에 구속되어 2년 3개월을 다시 수인으로 살았다. 두 번째 감옥살이는 처음보다 나았다. 우선 고문을 받지 않았고 옥살이 경험이 쌓였기 때문이었다.

김근태가 감옥에 있는 동안 그의 부재에 대해 많은 사람들이 안타까워했다.

"김근태가 있었으면……."

민족민주운동이 어려움에 부딪칠 때, 활동가들끼리 의견이 갈려 길을 찾지 못할 때 많은 사람들이 김근태를 그리워했다. 그는 이미 민족민주운동에서 없어서는 안 될 지도자였다. 형기를 마치고 홍성교도소에서 나오는 날이었다. 교도소 측은 김근태를 일부러 밤 열두 시가 넘은 늦은 시간에 석방하였다. 그를 환영하는 행사를 열지 못하게 하기 위해서였다. 더구나 세차게 비도 내리고 있었다. 하지만 김근태의 부재를 아쉬워하던 수많은 사람들이 교도소 앞에서 기다리고 있었다. 빗속에 〈임을 위한 행진곡〉이 울려 퍼지고 여러 사람들이 환영의 인사를 했다. 오랜 동지인 장기표는 그간의 아쉬움을 그대로 토해 냈다.

"지난 2년 동안 우리 운동의 어려움은 김근태 동지가 없었기 때문에 비롯된 것이었습니다. 이제 김근태 동지의 석방을 기점으로 민주화와 민족통일을 예비합시다."

지선 스님도 기대에 찬 인사말을 했다.

"김근태 선생이 건강한 모습으로 우리 곁으로, 민족의 품으로 돌아와 기쁩니다. 역시 훌륭한 지도자는 사람을 모으는 힘이 있구나 하는 생각이 듭니다. 지금이야말로 확실한 지혜와 용기를 가진 지도자가 필요합니다."

그처럼 김근태를 맞이하는 사람들의 기대는 컸다. 출소한 지 며칠 되지 않은 어느 날이었다. 서울의 한 식당에서 석방 환영회가 열렸다. 많은 사람들이 모였고 이야기와 술잔이 돌아가는 자리였다. 그런데 김근태가 자리에서 일어났다.

"여기 꼭 소개하고 싶은 분이 있습니다. 저는 이분을 우리 시대의 의인이라고 생각합니다. 또 우리 정치의 희망이라고 믿습니다."
 김근태의 소개를 받은 사람은 노무현이었다. 별다른 친분이 없던 노무현을 여러 사람들 앞에서 극찬에 가까운 소개를 한 것은 이례적이었다. 이후 두 사람은 의기투합하여 우리나라 민주주의 역사의 장을 함께 써 나갔다.

 김근태는 민주세력들이 힘을 합쳐 권력을 잡고 국민을 위한 정치를 펴기 위해 많은 노력을 기울였다. 그 과정에서 야당인 민주당에 입당했다. 민주세력이 정치권에 들어가 힘을 발휘해야 한다는 것은 김근태의 오랜 지론이었다. 그리고 1996년 서울 도봉구에서 제15대 국회의원으로 당선되었다.
 처음 들어간 국회에서 그는 외무통상위원회에서 의정활동을 시작하였다. 외무통상위원회는 전문적인 지식이 필요한 곳이어서 보통 국회의원들이 좋아하지 않는 상임위원회였다. 남북관계와 통일문제, 외교에 대해 김근태는 곧 특유의 성실함과 안목으로 가장 두각을 보이는 의원이 되었다. 국회도서관을 제일 많이 이용하는 국회의원이기도 했다. 초선임에도 불구하고 김근태는 상임위원회에서 가장 뛰어난 의원으로 선정되었다.
 정치권에 들어간 이후에도 김근태는 민족민주운동에 몸을 바쳤던 때의 순수함과 올곧음을 지켜 냈다. 그런 그를 두고 대중성이 없다느니, 유연하지 않다느니 하고 비아냥대는 사람도 있었다. 하지만 그에게는 누구도 따라오지 못할 미덕이 있었다. 몸에 밴 성실성과 사람을 진정으로 대하는 태도, 끊임없이 공부하는 자세였다. 그리고 어렵게 살아가는 서민들을 위해 헌신하는 모습이었다. 김근태는 곧 많은 국민들의 주목을 받았고 우리나라를 이끌어 갈 차세대 지도자로 꼽혔다.

김근태는 세 번 연속 국회의원에 당선되었다. 그사이에 김대중과 노무현이 대통령이 되었고 김근태는 두 사람의 당선을 위해 힘을 다해 노력했다. 2004년 7월에는 보건복지부 장관이 되어 1년 6개월 동안 서민을 위한 많은 정책을 만들고 실행했다. 경제성장이 제일이라고 생각하는 사람들에 맞서 국민들이 안심하고 살 수 있는 복지가 성장 못지않게 중요함을 역설했다.

"무엇보다 보건복지부는 어머니의 역할을 해야 한다는 기본 사명을 잊지 않겠습니다. 한숨짓는 국민의 눈물을 닦아 주는 역할, 사회통합의 기초를 만드는 소임을 다하겠습니다. 우리 사회가 서로 사랑을 나누며 살아가는 따뜻한 사회, 인간적인 사회로 전진하고 있다는 사실이 더욱 분명해졌으면 좋겠습니다."

보건복지부 장관 김근태는 사회의 그늘진 곳을 찾아 많은 곳을 직접 다녔다. 그는 어렵고 힘든 사람들의 삶을 보며 참 많은 눈물을 흘린 장관이었다.

장관이 된 첫해 겨울, 김근태는 방학 동안에 가난한 아이들이 점심을 굶는다는 사실을 알고 서둘러 그에 대한 대책을 마련했다. 밥을 굶는 아이들이 있다는 게 놀랍고도 슬펐다. 준비가 미흡하다는 사람들도 있었지만 일단 밥을 먹이는 게 중요하다는 생각에 즉시 도시락을 배달하기로 결정하였다. 김근태 장관이 직접 도시락을 전달하러 간 어느 집에는 할머니와 어린 초등학교 여학생이 살고 있었다.

"참 예쁘구나. 장래희망이 뭐야?"

아이의 머리를 쓰다듬으며 김근태가 물었다. 가난한 환경이면서도 아이의 눈은 맑고 밝았다.

"저는 달리기 선수가 꿈이에요."

"그래? 좋은 꿈이다. 친구들과도 잘 놀고 꼭 꿈을 이루기 바란다."

그때 아이의 표정이 갑자기 어두워졌다.

"애들이 저하고 잘 안 놀아줘요. 가난하다고."

소녀의 말을 듣는 순간 가슴이 철렁했다. 아이들 사이에 잘사는 집과 못사는 집을 구분하여 끼리끼리 논다는 말을 듣긴 했다. 그래도 직접 아이에게서 말을 들으니, 무거운 납덩이가 얹히는 듯했다. 양극화가 가져온 무서운 현상이었다. 가난한 아이들이 느낄 소외감과 절망이 그대로 전해져 마음이 쓰라렸다.

"그럼, 내가 친구해 주면 안 될까? 아저씨 사무실에 놀러도 오고."

김근태는 아이를 초대했고 아이는 일곱 명이나 되는 친구들을 데리고 장관실로 왔다. 장관실에 온 아이들은 신이 났다. 그러면서

부모님도 없이 할머니와 사는 가난한 친구가 장관님과 친구사이라는 사실이 믿기지 않는 모양이었다.

"아저씨, 쟤랑 어떻게 친구가 되었어요?"

한 녀석이 궁금증을 참지 못하고 물었다. 순간, 여학생의 표정이 굳어졌다. 도시락 배달을 하다가 만났다고 하면 방학에 점심을 굶는다는 사실이 친구들에게 알려질 터였다.

"응, 아저씨가 무슨 일인가를 하다가 만나서 친구가 되었어."

김근태의 대답에 여학생의 표정이 환하게 밝아졌다.

이듬해인 2005년 설 무렵, 김근태는 선거법 위반으로 여주교도소에 수감된 동료를 면회하게 되었다.

"여주 교도소에 이근안도 있답니다, 장관님."

고문기술자 이근안은 무려 10년이나 숨어 살다가 1999년에 자수하여 6년째 감옥 생활을 하고 있었다. 그가 마침 김근태가 방문하려는 여주교도소에 있다는 것이었다. 김근태는 고민하였다. 일부러 만나고 싶지는 않았다. 하지만 거기까지 갔다가 그냥 오는 것도 찜찜하기는 마찬가지였다. 마음 한편으로는 그가 진정으로 사죄한다면 용서하고 싶었다. 김근태는 그 역시 군부정권의 하수인일 뿐이었다고 생각했다. 그리고 인간이 지은 죄는 인간에 의해 용서받을 수밖에 없다고 생각했다. 가해자가 신에게 사죄하여 용서를 구했다는 따위의 말은 가증스런 말장난일 뿐이었다.

여주교도소에 연락하여 이근안이 자신을 면회할 용의가 있는지 확인했다. 그로부터 면회하고 싶다는 연락이 왔다. 면회실로 향하는 김근태의 발길은 무거웠다. 문이 열리고 이근안이 나타났다. 흠칫, 남영동의 기억이 되살아나 가슴이 빠르게 뛰었다. 장의사집 아들이라 불리던, 건장했던 사내는 수의를 입은 채 쪼그라들어 있었다. 덩치는 여전히 좋았지만 키는 작아 보였다. 김근태는 먼저 손을 내밀어 악수를 청했다.

"죄송합니다. 장관님. 제가 잘못했습니다."

허리를 숙이고 손을 잡은 이근안이 말했다. 잠시 아무 말도 할 수 없었다.

"용서하는 마음을 갖고 왔습니다."

이근안은 어깨를 들썩이며 울먹이는 듯했다. 그러더니 털썩 바닥에 무릎을 꿇었다.

"잘못했습니다. 정말 잘못했습니다. 죽을 때까지 사죄하며 살겠습니다. 으흐흑."

"고맙습니다. 일어나세요."

한동안 울먹였지만 이근안의 눈에서는 끝까지 한 방울의 눈물도 나오지 않았다. 그리고 김근태는 알고 있었다. 그가 결코 진실한 참회를 하고 있지 않다는 것을. 그는 상급자가 자신을 배신했으며 권력에 의해 억울한 감옥살이를 하고 있다는 생각을 하고 있었다.

'저자가 진정으로 참회하지 않는다는 것을 나는 안다. 저런 사람에게 더 진실하라고 요구하는 것은 나의 영역인가? 내가 요구하면 저 사람이 진짜 참회를 하게 될까? 아, 여기서부터는 내가 어찌해 볼 도리 없는 신의 영역이겠구나.'

그렇게 마음을 정리하는 수밖에 없었다. 그리고 용서하고 화해하는 마음을 가지는 것은 그를 위해서가 아니라 자신을 위한 것이라고 마음을 추슬렀다.

이근안이 감옥에서 나오고 꼭 한 번 서울에서 우연히 마주친 적이 있었다. 길을 가다가 스쳐 지나가는 사람이 퍼뜩 눈에 들어왔다. 뒤를 돌아보니, 뒷모습만으로도 분명 그였다. 뛰어가 등 뒤에서 '이근안?' 하고 불렀다. 돌아본 이근안이 '의원님, 죄송합니다' 하고 고개를 숙였다. 김근태를 알아보고 피해 가려던 것이 분명했다. 한참 동안 말없이 그를 바라보았다. 어쩔 줄 모르고 불안해 하는 모습이었다.

"됐습니다. 가 보십시오."

김근태의 말이 떨어지자, 보이지 않는 사슬에서 풀려나기라도 한 듯 재빨리 멀어져 갔다. 김근태는 깊이 한숨을 내쉬었다. 무언가 가슴 밑바닥이 썩 개운하지는 않았지만, 이제 그를 용서할 수 있을 것 같다는 마음이 들었다.

민주주의의 별이 지다

해마다 9월이면 몸이 아팠다. 남영동에서 겪은 끔찍한 고통이 몸속에 남아 있다가 도지는 것이었다. 김근태는 사실 감옥에서 나온 이후부터 온전한 몸이 아니었다. 여러 가지 증세가 그를 괴롭혔지만 그는 병상에 눕는 것이 두려워 병원을 멀리했다. 고문의 기억 때문이었다. 한여름에도 한기를 느껴 에어컨을 켜지 못했다. 옆을 보려면 몸과 얼굴을 같이 돌려야 했던 김근태는 늘 그렇게 병과 싸웠다. 멀쩡하다가도 9월이 되면 거짓말같이 열병이 도져서 열흘쯤 앓곤 했다. 2006년에는 파킨슨병 증후군이 나타났다. 역시 고문 후유증이었다. 정확한 원인이 밝혀지지 않은 파킨슨병은 신경세포의 손상과 관련이 있고 그가 당한 전기고문은 특히 신경세포에 치명적이었다.

  2011년 가을 무렵, 또 다른 병마가 그를 덮쳤다. 평소에 자주 다니던 동네에서 길을 잃었고, 길을 가다 주위에 "여기가 어디냐"고 물었다. 11월 말 엠아르아이 촬영을 하기로 했다. 그때까지만 해도 김근태는 자신의 발로 병원까지 갔다. 엠아르아이 촬영을 위한 기구를 보자 그의 표정이 굳어졌다. 촬영 기구의 모양이 참혹했던 고문대를 떠올리게 만들었다.

  "똑바로 누워서 움직이면 안 됩니다."

  의사의 말에 김근태의 눈빛이 흔들렸다. 몸을 누이고 기계가 움직였다. 고문의 기억이 떠올라 이를 악물어야 했다. 기어이 김근태의 눈에서 눈물 한 방울이 흘러내렸다. 검사 결과는 좋지 않았다. 뇌정맥에서 혈전이 발견된 것이었다. 서울대병원에 입원해 치료를 시작했지만 이번엔 뇌출혈이 생겼다. 한쪽에선 피가 뭉치고 다른 한쪽에서는 피가 흐르는, 치명적인 증상이었다. 상황은 점점 절망적으로 흘러갔다.

  유달리 사랑했던 딸의 결혼을 앞두고 있었지만 병세가 악화되어 끝내 딸의 결혼식에도 참석하지 못하였다.

  '말을 할 수가 없다. 자꾸 눈이 감기려 한다. 내 몸에 붙은 여러 개의 줄들, 기분 나쁜 기계음들. 나는 다시 일어날 수 없을 것 같다. 마지막 인사를 전할 수 있으면 좋으련만. 지금이 몇 시일까?

가늠할 수도 없구나. 인재근의 눈이 빨갛게 된 걸 보니 새벽녘인지도 모르겠다. 아무도 없는 병실에서 또 기도를 한다. 무어라 무어라, 잘 들리지 않는 소리로 기도를 하는 인재근의 얼굴이 찡그려졌다가 울음을 울듯 한 표정으로 몇 번이나 바뀐다. 나는 안다. 인재근의 기도가 얼마나 간절한지. 만약에 서로 처지가 바뀌었다면 나 역시 미친 듯이 매달리고 기도했을 것이다. 기도를 하다가 하늘에 대고 욕을 퍼부을지도 모르겠다. 그러다가도 다시 간절하게 살려 달라고 애원하겠지······.'

'인재근, 이제 당신이라고 부르고 싶군. 젊었을 때는 좀 계면쩍고 노숙한 척하는 것 같아 잘 쓰지 않았는데, 이제 당신이라는 말이 편하게 느껴져. 부를 수 있으면, "여보"라고 꼭 한 번 부르고 싶은데······. 늘 씩씩한 당신, 언젠가 동지들이 모인 자리에서 그랬다지. 김근태는 감옥 안에 있고 자기는 밖에 있으니까 내가 김근태의 바깥사람이라고. 그런 말을 할 사람은 대한민국에서 단 한 사람 당신뿐이지. 처음 그 얘기를 들었을 때 아주 통쾌한 기분이 들었어. 뿌리 깊은 여성 차별 의식을, 멍청한 그 의식을 한 방에 날려 버린 멋진 말이었으니까.

또 생각나는군. 첫 감옥에서 1년쯤 지났을 때였지. 왜 그런 기분에 휩싸였는지 지금은 기억도 나지 않지만 아마 그때는 정직한 내 감정이었을 거야. 내가 얼마나 거짓된 글쓰기를 싫어하는지 당신도 잘 알지? 하여튼 나는 당신에게 고무신을 거꾸로 신을 자유를 주겠다고 선언하는 편지를 보냈지. 그것도 당신 생일에 맞추어서 말이야. 지금 언뜻 변명이 떠오르는데, 아마 내 옥바라지에 모든 시간을 빼앗기는 것보다 당신 나름대로 원하는 활동을 하게 하려는 마음이었던 것 같아. 어쨌든 다음 면회에 와서 당신은 정말 화가 난 얼굴로 나에게 따졌지. 화가 났을 때 나를 부르던 호칭, "김꼰대 씨" 하고 말이야. "고무신을 거꾸로 신을 자유는 김꼰대 씨가 주는 게 아니라 원래부터 내 자유라고요!" 역시 당신다운 반격이었고 나는 할 말을 찾을 수 없었지.

고마웠어, 여보. 언젠가 김대중 대통령이 이희호 여사를 "존경하고 사랑하는 아내"라고 부르는 글을 본 적이 있어. 더 좋은 말을 당신에게 붙였으면 좋겠는데 그 이상은 생각나지 않네. 존경하고 사랑하는 당신, 인재근 씨, 이 세상에서 만나 참 좋았어.

당신, 엎드린 채로 잠이 들었구려. 숨 쉬는 소리가 한숨처럼 들려. 어깨도 들썩이고. 설마 또 우는 건 아니겠지. 당신 어깨에 팔을 두르고 어깨동무를 하면 참 좋았는데. 아, 나도 잠이 오는 것 같아. 내일 다시 눈을 뜰 수 있을까? 마지막일지도 모르니까, 인사를 해야겠어. 안녕, 여보.'

'눈이 부시다. 아직 살아 있다. 병준이, 병민이, 너희들이 왔구나. 병민이는 또 얼굴이 부었구나. 엄마가 씩씩해야 한다고 말하지 않던? 울다가 엄마한테 혼나기도 했잖아. 결혼식에서 아빠가 없어 많이 슬펐을 게다. 네 손을 잡고 결혼식장에 들어가고 싶었는데, 미안하다. 네가 너무 많이 우는 바람에 화장도 다 지워지고 하객으로 온 분들도 많이 울었다지? 글쎄, 아빠는 꽤 설명을 잘하는 사람인데 이번에는 잘 못 할 것 같구나. 인간의 운명이라고나 해야 할까? 언젠가 아빠가 너보다도 더 젊었을 때, 일흔 살까지 살다가 세상을 떠났으면 좋겠다고 생각한 적이 있단다. 그보다는 조금 더 일찍 떠나게 될지도 모르겠다. 우리 병민이는 아빠가 참 좋아한 딸이었지. 무작정 좋기도 했지만 병민이는 할머니가 "참배공주"라는 별명을 붙일 만큼 귀엽고 애교가 뚝뚝 떨어지는 어린 아가씨였어. 아빠는 너만 보면 그냥 헤, 하는 바보였지. 그런 너와 잘 놀아 주지 못하고 오랫동안 헤어져 있는 게 얼마나 큰 고통이었는지 모른다.

아빠가 감옥에서 나온 지 얼마 안 되었을 때였다. 너는 유치원에 다니고 있었고. 그날 엄마는 볼 일이 있어 나갔고 아빠가 유치원에 가서 너를 데려와야 했지. 비가 주룩주룩 오는 날이었어. 보통은 시간을 잘 지키는 아빠가 웬일로 그날은 조금 늦었어. 부리나케 우산을 들고 뛰어갔는데, 네가 유치원 처마 밑에서 울고 있었어. 다른 애들은 엄마와 우산을 쓰고 돌아가는데, 너는 아무도 데리러 오지 않아서 울고 있었던 거야. 그것을 본 아빠는 너무 미안해서 눈물이 다 났단다. 네가 느꼈을 외로움, 버림받은 느낌, 어린 가슴에 가득 찼을 절망감 같은 게 아빠의 가슴에 비수처럼 박히는 것 같았어. 그때 너와 내 눈빛이 마주쳤지. 네 얼굴에서 피어나던 기쁨과 환희, 그리고 아빠가 왔다는 안도감이 풍선처럼 부풀어 오르던 네 얼굴은 아빠가 이 세상에서 본 가장 아름다운 모습이었단다.

이제는 어른이 되었지만, 아빠가 감옥에 있을 때 어린 너희를 생각하면서 쓴 시가 있단다. 수도 없이 읊조리며 눈물 흘렸던 그 시 한 편을 들려주고 싶구나.

> 내 귀여운 아이들아
> 느이들하고 놀아주지도 못하고
> 애비가 어디 가서 오래 못 와도
> 슬퍼하거나 마음이 약해져서는 안 된다
> 외로울 때는 엄마랑 들에도 나가 보고
> 봄이 오는 소리를 들어봐야지
> 바람이 차거들랑 옷깃 잘 여미
> 감기 들지 않도록 조심도 하고

또 눈물이 나려 하는구나. 내가 걱정하지 않아도 무엇이든 잘해나갈 병민인 줄 아는데, 자꾸만 옷깃을 여며 주고 싶다. 감기 조심하라고 잔소리도 하고 싶고. 울지 말거라. 네 눈에서 흐르는 눈물이 아빠는 제일 아프단다.

우리 든든한 아들 병준아. 네가 엄마 아빠에게 얼마나 큰 기쁨을 주었는지 아니? 그 기쁨은 너무나 커서 충격적인 기쁨이었다고나 해야 할 거다. 태어나는 순간부터 경이였고 날마다 새로운 경이였지. 응애응애 울다가 옹알이를 하다가 그 조그만 입에서 엄마, 아빠라는 말이 나왔을 때, 우리는 그 말이 자꾸만 듣고 싶어 네 곁을 떠나지 못했단다. 너로 인해 비로소 부모가 되었고 너를 통해 아빠는 할아버지와 화해를 할 수 있었어.

언젠가 아빠가 있던 감옥에 와서 네가 불러 주던 노래가 생각난다. 음정 박자를 하나도 틀리지 않고 〈등대지기〉라는 노래를 불러주었지. 아빠도 같이 불렀는데 너무 좋아 목이 메었단다. 우리 민족에게 희망을 주기 위해 등대지기가 되었던 수많은 분들을 떠올리며 아빠도 그런 사람이 되려고 한다는 것과 그 사실을 네가 노래로 이해하는 거라고 생각했단다. 병준이 네가 고맙고 든든해서 목이 메었던 거야.

언젠가 군대에 갔다가 휴가 나왔을 때, 그러니까 일병 때였구나. 발을 다쳐 절룩거리면서도 너는 끝내 어쩌다 다쳤는지 말을 하지 않았지. 군대에서 폭행을 당한 건 아닌지 몹시 걱정이 되면서도 묵묵히 부대로 돌아가는 네 모습이 자랑스러웠다. 아빠가 국회의원 선거를 치를 때, 네가 궂은일을 맡아서 하곤 했지. 어쩌면 국회의원 아들이라고 잰 체하고 싶은 마음도 있었을 텐데 너는 조금도 그런 내색을 하지 않았다. 그것은 아빠를 쏙 빼닮았다고 말하고 싶구나.

아빠가 잰 체하는 것을 제일로 싫어한다는 것을 너는 잘 알게다.

 아, 오늘이 며칠이니? 아마 네 생일 즈음인 것 같은데, 올해는 축하의 말조차 해 줄 수 없구나. 미안하다. 나는 이제 먼 길을 가야 할 것 같다. 사랑하는 내 아들, 병준아. 너무 슬퍼하지 말고 엄마와 동생을 보살펴 주렴. 엄마는 씩씩하지만 네게는 약하잖니?'

 '아, 그대들, 그대들의 목소리가 들리는데, 유시춘, 이인영, ……그대들과 함께 있고 싶은데…….'

 2011년 12월 30일 새벽 다섯 시, 김근태의 눈에서 눈물 한 방울이 흘러내렸다. 민주주의의 별이자 '마지막 의장님'이었던 김근태가 지상에 떨군 마지막 눈물이었다.

에필로그

김근태가 세상을 떠난 후 정국은 곧 4월 12일로 다가온 국회의원 총선거 국면으로 빠져들었다. 김근태는 민주주의에 헌신한 평생과 함께 또 하나의 비밀 병기를 세상에 남겨 두었다. 바로 인재근이었다.

민주당은 전략공천 1호로 김근태의 지역구인 도봉 갑에 인재근을 국회의원 후보로 내세웠다. 그리고 인재근은 압도적인 표 차이로 당선되었다. 국회 통일외교통상위원회에서 상임위원회 활동을 시작한 인 의원은 많은 기대를 받는 의원이다.

인재근은 지금도 국회 중앙홀을 지날 때면 김근태가 단식하던 자리에 눈길이 가곤 한다. 2007년, 한미 FTA 체결을 반대하며 홀로 단식투쟁을 하던 김근태는 일주일간의 단식 후 급속히 건강이 악화되었다. 실은 절대 단식을 해서는 안 되는 몸이었다. 차가운 바닥에 달랑 스티로폼 한 장을 깔고 버틴, 말 그대로 목숨을 건 단식이었고 결국 죽음의 손길을 불러들인 단식이었다. 김근태가 앉아 있던 자리를 볼 때마다 인재근은 가슴이 미어진다.

인재근은 정지영 감독이 만든 영화 〈남영동 1985〉에 잠깐 출연하기도 했다. 끔찍했던 남영동의 고문을 다룬 영화 시사회가 있던 날, 인재근은 김근태 역을 맡은 배우를 안고 한참을 울었다.

2012년 6월 26일, 인재근은 고문과 국가 폭력 생존자들의 모임인 '진실의 힘'에서 수여하는 제2회 인권상을 김근태 고문 대신 수상했다. 케네디 인권상을 받을 때는 감옥에 있는 김근태를 대신하여 수상했는데, 이번에는 하늘에 있는 김근태를 대신하여 받았다. 이날 상을 받으며 인재근은 흐르는 눈물을 주체하지 못했다.

"남편이 떠나기 전에 은폐된 고문의 진실을 밝히고 고문의 국가적 사회적 치유에 좀 더 일찍 헌신했어야 했습니다. 무엇보다 남편이 파킨슨병을 앓고 있다는 사실을 쉬쉬했던 점이 가장 후회스럽습니다. 병을 감추니 병의 원흉인 고문 후유증도 같이 감춰지게 되고, 결국 고문을 국가나 사회가 아닌 개인의 문제로 치부하고 말았다는 것을 뒤늦게 깨닫게 되었습니다."

수상 상금은 고문치유센터 설립기금으로 전액 기부하였다. 또한 국회의원으로서 첫 번째 발의할 법으로 '고문방지 및 고문피해자 보상 및 치유법안'을 마련 중이다. 여성, 장애인, 아동, 노인 등 사회적 약자들의 인권을 위해 오랫동안 헌신해 온 그대로 국회에서도 그들을 중심에 놓고 활동할 마음이다.

인재근 의원의 사무실에는 김근태의 사진과 손때 묻은 물건들이 가득하다. 인재근 의원에게 김근태는 여전히 함께하는 존재이다.

"하늘나라에서 다시 만났을 때 '인재근, 잘했어!' 라는 한 마디를 들으면 좋겠어요. 그리고 꼭 껴안은 채 펑펑 울었으면 좋겠어요. 많이, 그리워요."

김근태가 생전에 석좌교수로 있던 우석대학교에서는 국내 최초로 정치인의 이름을 딴 '김근태민주주의연구소'를 설립하였다. 김근태가 고민하고 실천했던 민주주의의 길, 민족통일의 길을 계승하고 발전시키는 일이 곳곳에서 시작되고 있다.

김근태!

그의 이름 석 자는 이제 우리 모두 잊지 않고 이어 가야 할 정신이 되었다.

글쓴이의 말

저는 박정희 유신 체제가 시작된 해에 초등학교에 들어갔습니다. 이후 중학교 2학년 때까지 8년 동안 고스란히 유신 교육을 받은 세대입니다.

월요일마다 국민교육헌장 낭독으로 시작되던 애국조회, 차렷과 앞으로나란히를 거듭하다가 발맞추어 걷던 교련조회, 점심시간마다 벌어지던 혼식 검사, 국기에 대한 맹세, 일요일이면 빗자루를 들고 나가야 했던 조기청소의 기억을 가지고 있습니다.

중학교에 입학할 때는 이발소에 가서 머리를 박박 깎아야 했습니다. 어린 마음에도 굉장히 싫었던 기억이 납니다. 그리고 까만 교복에 목을 옥죄는 호크까지 채우고 학교에 가면 복장이나 품행

검사를 한다고 선배들이 몽둥이를 들고 교문을 지켰습니다. 선생님들도 툭하면 주먹이나 발길로 학생들을 때리곤 했지요. 학교 가는 게 정말 두렵고 괴로운 일이었습니다. 생각하면 끔찍한 날들이었습니다. 우리는 붉은 악마라고 배운 '북괴군'을 그림으로 그리고, '미친 개는 몽둥이가 약'이니, '초전박살'이니 하는 말을 아무렇지도 않게 입에 올렸습니다. 불과 여덟 살의 나이부터 사춘기가 무르익던 열다섯 살까지 마치 나치 독일의 소년단과도 같은 교육을 받았던 것입니다. 저는 지금도 그때 자유롭고 균형 잡힌 올바른 교육을 받았더라면 우리 세대가 훨씬 더 창의적이고 인간적인 사회를 만들 수 있었으리라는 아쉬움을 가지고 있습니다.

사람이 사회를 이루어 살아가는 데에는 꼭 필요한 가치들이 있습니다. 마치 물이나 공기가 없으면 살 수 없는 것처럼, 인간이 사회적 존재로 살아가기 위해서는 자유와 평등, 인권, 평화와 같은 가치가 보장되어야 합니다. 어쩌면 당연히 누려야 할 권리이지만, 그러한 가치는 인류가 긴 역사 속에서 피와 땀으로 조금씩 확보해 온 것들입니다.

역사는 기본적으로 보다 많은 사람들이 자유와 평등을 누리는 방향으로 진행되어 왔습니다. 그것을 민주주의가 확대되어 온 과정이라고 불러도 될 것입니다. 하지만 그것은 저절로 된 것이 아닙니다. 수많은 사람들의 노력과 희생이 민주주의의 역사에 새겨져 있습니다. 왕과 양반 들이 가혹하게 지배하던 봉건사회를 무너뜨리고자 일어났던 동학농민운동이나 외세에 맞서 싸운 의병들, 일제에 대항한 독립운동가들, 그리고 독재에 항거하여 싸운 많은 분들이 있었기에 오늘 우리가 민주주의를 누리고 있는 것입니다.

이 책의 주인공인 김근태 선생님 또한 민주주의를 위해 자신을 바친 분입니다. 독재정권에 맞서 싸우는 일은 많은 용기와 희생이 필요합니다. 무엇보다 조국과 민중에 대한 사랑이 없으면 불가능한 일입니다. 김근태 선생님은 민족의 현실과 고통받는 사람들을 위해 아파하고 눈물 흘렸습니다. 따뜻한 마음으로 이 땅의 민중들과 함께하며 민족의 미래를 위해 많은 노력을 한 분입니다. 민주화운동 과정에서 인간이 감당하기 어려운 고난을 당하면서도 끝내 희망을 잃지 않고 앞으로 나아갔습니다.

책을 쓰면서 한 위대한 인간의 모습을 발견한 것은 개인적으로 커다란 수확이었습니다. 여리면서도 강하고, 냉철한 이성 뒤에 뜨거운 감성을 품고 있으며 사람을 대할 때는 더없이 겸손한, 보기 드문 스승을 만난 기쁨이 있었습니다.

이 책은 약간 소설적인 형식을 취하고 있지만, 모두 사실에 근거한 내용들입니다. 선생님이 남긴 글과 인터뷰, 가까운 이들의 증언에 따른 이야기들입니다. 다만 김근태 선생님이 가지고 있는 또 다른 측면, 그러니까 사상가적인 면모는 제대로 드러나 있지 않습니다. 책 뒤에 실린 참고문헌들도 함께 읽으면 선생님을 깊이 이해하는 데 도움이 될 것입니다.

  대한민국의 주인이자 민주 시민으로 살아갈 청소년 여러분들에게 평생을 민주주의에 헌신한 '김근태 이야기'가 도움이 되기를 간절히 바랍니다.

2012년 12월 최용탁

주요 현대사와 함께 보는

김근태 연보

1947   2월 14일 부천 소사에서 태어나다.

1948   남과 북에 각각 단독정부가 수립되다.
1950   한국전쟁 발발. 군인과 민간인 300만 명 이상이 희생된 전쟁이 3년간 지속되다.
1951   국민방위군 사건, 거창 양민 학살 사건 발생. 이승만 자유당 창당.

1953   평택 청북초등학교에 입학하다.
        평택 진위초등학교로 전학하다.

| 1954 | 사사오입 개헌으로 이승만 자유당 독재체제 구축. |

1955	양평 원덕초등학교로 전학하다.
1957	양평 양수초등학교로 전학하다.
1959	양평 양수초등학교를 졸업하고 서울 광신중학교에 입학하다.

| 1960 | 3·15부정선거. 4·19민주혁명. 이승만 하야. 내각제 개헌. 대통령 윤보선, 국무총리 장면 취임. |
| 1961 | 5·16군사쿠데타. 박정희 권력 장악. |

| 1961 | 광신중학교 3학년일 때, 아버지 강제퇴직당하다. |
| 1962 | 광신중학교를 졸업하고 경기고등학교에 입학하다. |

1962	정치활동정화법으로 윤보선 사퇴. 장면 구속. KBS TV개국.
1963	박정희 제5대 대통령 당선.
1965	한일협정 체결. 월남 파병.

| 1965 | 경기고등학교를 졸업하고 서울대학교 상대 경제학과에 입학하다. |
| 1966 | 아버지 심장판막증으로 돌아가시다. |

1967	박정희, 윤보선을 근소한 차이로 누르고 제6대 대통령 당선.
1967	3월, 서울대 상대 대의원회 회장으로 선출되다. 9월, 대통령 부정선거 규탄시위로 연행되다. 학교에서 제적당하고 강제로 군대에 끌려갔다.
1969	3선개헌.
1970	8월, 육군병장으로 제대하고 학교에 복학하다.
1970	평화시장 노동자 전태일, 근로기준법 준수 등을 요구하며 분신자살. 경부고속도로 개통.
1971	교련반대데모, 대통령선거파동으로 수배생활 시작하다. 서울대 내란음모 사건으로 수배당하다. 조영래, 장기표, 심재권, 이신범은 투옥되고 김근태는 지명수배를 받아 피신했다. 이때부터 '공소 외 김근태'라는 별명이 붙었다.
1972	수배 중에 대학을 졸업하다
1972	7·4남북공동성명 발표. 박정희, 10월 유신 선포.

1973　　　일신산업 수출부에 근무하다.

1973　　　김대중 납치사건. 서울법대 최종길 교수 의문사.
1974　　　민청학련 사건. 민주회복국민회의 발족.
1975　　　5·22사건(일명 오둘둘사건). 김상진 서울 농대생의 유신체제에 대한 항의 자결(1975. 4. 11)을 계기로 긴급조치가 발동(5. 13)된 상황에서 김상진 열사 추도식과 긴급조치9호의 철폐를 외치는 대규모 시위가 서울대에서 열렸다.

1975　　　긴급조치9호로 연속 수배당하다. 이른바 '5·22사건'으로 불린 시위와 명동성당 장례미사의 배후로 연루되어 1979년 10월 26일 박정희 저격사건 때까지 피신했다.

1976　　　3·1민주구국선언 발표. 함평 고구마 투쟁 시작.

1976　　　수배기간 중 공장에 취업하여 일하기도 하고, 기술학원에서 강사로 일하기도 하다. 이때 열관리기사 등 여러 개의 자격증을 땄다. 미도냉동학원에서 이재웅이라는 이름으로 냉동기술을 가르치기도 했다. 김근태의 이름으로 남아 있는 것은 열관리기사, 건설기계산업기사, 위험물관리산업기사, 고압가스기능사1급·고압가스취급기능사1급·고압가스화학기능사1급 등 가스산업기사 관

련 3종, 소방설비산업기사 1류 등 7종이다. 수배 시절이었기 때문에 다른 사람 이름으로 딴 자격증도 몇 개 더 있다.

1978 　동일방직 사건 발생. 박정희 제9대 대통령 당선.

1978 　인재근과 결혼하다. 수배 중에 가까운 가족만 모신 채 평생의 동지가 된 인재근 씨와 인천 부평의 설렁탕집에서 간소하게 식을 올렸다. 이후 어머니의 유언에 따라 1980년 4월 26일 흥사단 강당에서 정식으로 결혼식을 했다.

1979 　인천도시산업선교회에서 노동 상담역으로 일하다. 박정희 사망, 긴급조치9호 해제로 자유의 몸이 되다. 첫째 병준 태어나다.

1979 　YH노동자 김경숙 신민당사 농성 중 경찰에 밀려 추락사. 김영삼 국회의원 제명. 부산과 마산에서 민주화 요구하는 대규모 항쟁 발발. 박정희, 중앙정보부장 김재규에게 피살. 전두환을 중심으로 한 신군부 등장. 12·12사태로 군부를 장악함.

1980 　비상계엄 전국 확대.
　　　광주민중항쟁을 총칼로 진압한 군부가 국가보위비상대책위원회 구성.

전두환 제11대 대통령 당선. 7년 단임제로 개헌.

1980   어머니가 돌아가시다.

1981   새 헌법에 의해 선거인단 투표로 전두환 제12대 대통령 당선.
1982   부산미문화원 방화사건 발생. 프로야구 출범.

1982   둘째 병민 태어나다.

1983   김대중, 김영삼 민주주의 회복을 요구하며 8·15공동선언 발표.
        민주화운동청년연합 출범. 아웅산 폭발사건 발생.

1983   9월 30일, 민주화운동청년연합(민청련)을 결성하고 초대 의장으로 선출되다. 투쟁성의 회복과 청년 역량의 체계화, 운동세력 간 연대, 대중운동 지원 등의 과제를 천명하다. 모든 공개합법적인 민주화운동이 봉쇄된 상황에서 공개조직을 결성했다.

1984   민주화추진협의회 발족. 학원민주화운동 확산.
1985   2·12총선에서 신생 야당인 신민당 승리. 서울미문화원 점거농성.

| 1985 | 5월, 6월, 연행되어 구류당하다.

8월 24일, 서울대 민추위 사건의 배후로 조작되어 연행되어 구류당하다.

9월 4일, 구류에서 풀려나 서울 서부경찰서를 나오던 중 남영동 치안본부 대공분실로 연행되다. 이날로부터 23일 동안 10회에 걸쳐 물고문과 전기고문 등을 당했다.

9월 26일, 검찰로 송치되다. 오후 2시 30분, 검찰청 엘리베이터 앞에서 기다리고 있던 부인 인재근이 가까스로 남편과의 대면에 성공한다.

9월 27일, 남영동 치안본부 대공분실에서의 살인적인 고문 수사가 폭로되다.

10월 19일, 민주인사 60여 명이 '민주화운동에 대한 고문 수사 및 용공 조작 공동 대책위원회'를 구성하고 성명을 발표하다.

11월 11일, 고문 및 용공 조작 공동대책위원회가 항의 농성에 돌입하다. 김대중, 김영삼 공동의장 등이 참석했다.

12월 9일, 변호인 접견 봉쇄가 풀리다.

12월 19일, 첫 공판에서 치안본부 남영동 대공분실에서의 고문 사실을 폭로하다.

12월 20일, 감옥에 갇힌 지 석 달 반 만에 가족 첫 면회를 하다.

12월 29일, 부인 인재근과 대한변협 등이 정석모 내무, 박배근 치안 본부장, 윤재호 대공분실장 외 7명의 수사관과 김원치 등 공안부 검사 4명을 불법 감금과 가혹행위, 직무 유기 등의 혐의로 고소하다.

1986 대통령직선제 개헌을 위한 천만 명 서명운동 전개. 부천경찰서 성고문 사건 발생. 단일사건으로 사상 최대의 구속자를 낳은 건국대 사태 발발.

1986 3월 16일, 1심에서 '전부 유죄, 징역 7년, 자격정지 6년' 판결받다.
7월, 항소심에서 국가보안법 및 집회 및 시위에 관한 법률 위반으로 5년형을 선고받다. 상고는 기각됐다.

1987 2월, 강릉교도소에서 경주교도소로 이감되다.
수감 중에 로버트 케네디 인권상을 부인 인재근 씨와 공동으로 수상하다. 이듬해인 1988년에는 독일 함부르크 자유재단이 김근태를 '세계의 양심수'로 선정하다.

1987 박종철고문치사 사건 발생. 6월항쟁이 불붙다.
노태우, 6·29민주화 선언 발표하며 대통령 직선제 수용.
노동자 대투쟁 분출.
제13대 대통령 선거에서 노태우 당선.

| 1988 | 한겨레 신문 창간. 서울올림픽 개최. 국회에서 5공 청문회 개최. |

| 1988 | 6월 30일, 2년 9개월 만에 김천교도소에서 출소하다.
10월 22일, 서울대 민추위 위원장 문용식 사건이 고문에 의한 조작이었음을 알리는 기자회견을 하다.
12월 15일, 서울고법이 재정신청을 받아들여, 28일 만에 이근안 전 경감을 수배하다. 재정신청은 87년 2월에 냈다. |
| 1989 | 1월 6일, 김근태 사건 재정 신청 관련 공소 유지 담당 특별검사에 김창국 변호사 선임되다.
1월 21일, 전국민족민주운동연합(전민련) 창설에 참여하여 정책실장을 맡다. |

| 1989 | 황석영, 문익환, 임수경 등 방북. 부산 동의대 사건. 이철규 의문사 사건 등 발생. 민예총, 전민련 결성. |
| 1990 | 노태우, 김영삼, 김종필의 3당 합당.
구소련과 국교 수립. |

| 1990 | 3월, 전민련 제2기 대의원대회에서 신설된 집행위원장에 선출되다. 수감 중이던 91년 제3기 대의원대회에서 집행위원장에 유임됐다. |

5월 13일, 5·9민자당 반대 시위와 관련하여 집시법 위반으로 구속되다. 5월 9일, 6월 항쟁 이후 최대 시위로 기록된 '민자당 해체 및 노태우 정권퇴진 국민궐기대회'가 있었다. 5월 12일, 검찰은 사전구속영장을 발부받았고, 김근태는 미리 예정되어 있던 제주민족민주운동협의회 주체의 시국강연회에 참석해 제주 YMCA 회관에서 '물가불안 민생파탄의 주범 민자당을 심판한다'는 내용의 강연을 했다. 다음 날, 제주의 친척집에서 검거됐다.

5월 14일, 야권과 재야단체 등에서 구속 규탄성명을 발표하다.

5월 15일, 워싱턴 포스트 지가 김근태의 구속은 한국의 인권 상황이 악화되고 있음을 시사하는 것이라고 보도하다.

6월 9일, 전민련 결성선언문 및 범민족회담 개최 제의 관련, 국가보안법이 추가 적용되어 구속 기소되다.

6월 14일, 에드워드 케네디 등 미국의 상하원 의원 19명이 한국 정부에 김근태 등 정치범 석방을 촉구하는 항의 서한을 보내오다.

7월 20일, 1심 공판에서 7년을 구형받다. 모두진술을 통해 '70년대 이후 민주화운동에 대한 권력의 탄압 수단으로 지겹도록 사용돼 온 국가보안법·집시법이 공소장에 그대로 나열돼 있는 것은 차라리 하나의 희극이며, 고문경관 이근안은 1년 6개월이나 행방이 묘연하고 다른 고문경관 4명은 불구속 상태에서 재판을 받는데도 고문 피해자가 구속 상태로 재판을 받는다는 것은 비극'이라고 밝혔다. '권력 유지를 획책하고 있는 지배세력의 음모를 폭로·규탄했다는 이유로 나를 이 자리에 다시 끌어 세운 것은 명백한 정치적 보복'이며, '기만적인 공소장 내용을 두고 더 이상 다툴 의사가 없어 헌법상의 재판받을 권리를 포기하겠다'고 밝힌 후 피고인석을 떠났다. 서울지검 공안부 문성우 검사는 김근태와 변호인단, 방청객 들이 모두 퇴정한 뒤 징역 7년, 자격정지 7년을 구형했다.

8월 13일, 조건 없는 남북 교류, 범민족대회 성사 등을 요구하며 옥중 단식 농성하다.

8월 24일, 재판 거부로 선고공판 연기되다.

9월 29일, 1심 선고공판. 징역 3년, 자격정지 1년을 선고받다.

12월 13일, 항소심에서 7년을 구형받다.

12월 18일, 시국사범의 대량 구속에 항의하여 항소심 선고공판에 출석 거부하다.

1991　남북한 유엔 동시 가입.

상호화해와 불가침, 교류, 협력 등을 천명한 남북기본합의서 채택.

강경대 치사사건에 이어 분신정국이 이어지다.

1991　1월 12일, 집시법 및 국가보안법 위반으로 징역 2년, 자격정지 1년을 선고받다.

1월 30일, 고문경관 4명에게 실형 선고되다. 남영동에서 고문이 자행된 지 5년 4개월, 법원이 재정신청을 받아들여 고문관에 대한 재판이 시작된 지 2년 1개월 만에 1심 절차가 마무리됐다. 18차례의 재판은 불구속 상태에서 이뤄졌다.

3월 20일, 로버트 케네디 인권센터가 한국 정부에 김근태의 보석을 촉구하는 서한을 보내오다.

5월 15일, 미국 하원 인권소위위원장 거스·야스트론 의원을 비롯한 하원의원 45명이 한국 정부에 김근태의 석방을 촉구하는 서한을 보내오다.

12월 20일, 미국하원 톰 란토스 의원(민주·상하원 인권위 공동의장)을 비롯한 미하원 의원 18명이 같은 일로 한국 정부에 석방 촉구 서한을 보내오다.

12월 22일, 국제사면위원회가 한국정부에 김근태 등 양심수 석방을 촉구하다.

1992   중국과 수교.

        김영삼, 제14대 대통령 당선.

1992   1월 30일, 남영동 사건과 관련한 손해배상소송에 승소하다. 손해배상 청구원인으로 △불법구금 △고문 △가족 및 변호인의 접견교통 제한 △고문증거물의 탈취·인멸 등을 제시했다. 판결은 남영동 사건 후 6년 4개월, 소송을 제기한 지 5년 3개월 만이다. 끈질긴 법정투쟁과 진상 규명을 위한 노력으로 고문이 죄악임은 물론 그로 인한 손해배상까지 국가가 책임져야 한다는 것을 분명히 밝히는 계기가 되었다. 국가 측의 항소(상고)가 있었으나 93년 7월 7일 항소심, 94년 10월 7일 상고심에서도 승소했다.

        2월 13일, 케리 케네디 등 케네디인권재단 산하 가칭 '김근태 씨와 정치범 석방을 위한 위원회' 대표단 입국하다.

        5월 6일, 토머스 포글리에트, 조제프 케네디 의원 등 25명의 미국 의회 의원이 김근태 등 정치범 석방을 촉구하는 서한을 한국 정부에 보내오다.

        8월 12일, 2년 3개월 여의 옥살이를 마치고 홍성교도소에서 만기 출옥하다.

        9월 26일, 민주개혁과 민주 정부 수립을 위한 국민회의 집행위원장이 되다. 국민회의는 대선까지의 한시적 기구였으며 93년 1월 29일, 새 정부 출범과 함께 국민들이 보다 광범위하게 참여할 수 있는 새로운 단체를 조직하기 위해 공식 해체했다.

1993   금융실명제 실시. 우루과이라운드 협상으로 쌀 시장 개방.

1993   5월 10일, 민주항쟁기념 국민위원회 공동집행위원장을 맡다. 광주민주항쟁과 6월 항쟁의 국가 공식기념일 제정 등 역사적 자리매김을 위해 활동했다.
7월, 미국 미시건 대학에서 열린 제1차 한국학 국제학술대회에 참석해 한국 민주주의의 전망과 과제를 주제로 강연하다.
8월 23일, 고문경감에 대한 항소심에서 전원 실형 선고 후 법정 구속되다.
9월 27일, 조용환 변호사를 대리인으로 유엔 인권위원회에 국가보안법 처벌에 대해 구제신청을 내다.

1994   북한 김일성 사망. 성수대교 붕괴. 서태지 신드롬 대중문화 강타.

1994   4월 14일, '새시대 광장' 출범하다. 민주당 의원 이부영,

임채정, 제정구와 이창복, 장기표가 함께했다.

4월 24일, 통일시대 민주주의 국민회의 추진위원회를 발족하여 공동대표가 되다.

11월 26일, 통일시대민주주의 국민회의를 창립하여 상근 공동대표가 되다. 정치권 개혁과 민주개혁세력 통합 추진위원장을 맡다.

1995　지방자치제 전면 실시. 삼풍백화점 붕괴. 전국민주노동조합총연맹 결성. 전두환, 노태우 구속.

1995　2월, 민주당에 입당하여 부총재로 선임되다.

8월 11일, 사면복권되다

9월 5일, 새정치국민회의 부총재로 선임되다.

12월 28일, 새정치국민회의 도봉(갑) 지구당 창당대회에서 위원장으로 선출되다.

1996　대한민국 OECD 가입.

1996　4월 11일, 서울 도봉(갑)에서 제15대 국회의원으로 당선되다. 이후 16대, 17대 국회의원으로 당선되다.

6월, 국회 통일외교통상위원회에서 일하다.

1997 6·25 후 최대 국난이라는 IMF구제금융 신청.
    제15대 대통령선거에서 김대중 당선.

1997 3월 11일, 최초로 대통령후보 국민경선제를 주장하다.
    7월 3일, 국회 정당대표연설에서 남북한 국회회담 재개를 제의하다.

1998 노사정위원회 출범. 국난 극복을 위한 '금 모으기 운동' 전개.
    정주영 현대그룹 회장 소떼와 함께 방북. 금강산 관광 시작.

1998 새정치국민회의 전자정부 구현 정책기획단위원장으로 선임되다.
    8월, 신동아 여론조사에서 '정치부 기자 1백 명이 뽑은 차세대 정치인 1위'로 선정되다.
    11월 3일, 유엔인권이사회가 한국 정부에 김근태를 국가보안법 위반으로 구속, 수감한 사건 구제를 권고하다.
    국정감사에서 재정경제위원회 베스트 의원으로 선정되다.

1999 전국교직원노동조합 출범.

1999 1월, 뉴스위크 일본판 '21세기를 움직일 세계의 100인'

에 선정되다.

3월 24일, 국민정치연구회를 창립하여 지도위원이 되다.

4월, 세계정부지도자회의에 한국정치인으로 유일하게 초청되어 참석하다.

아-태 민주지도자회의 이사로 선임되다.

5월, 새정치국민회의 당 쇄신위원회 위원장으로 선임되다.

한양대 행정대학원 겸임교수로 취임하다.

6월 2일~10일, 44년 만의 인도네시아 민주총선에 카터 전 미국대통령과 함께 '국제선거 감시단'으로 참가하다.

11월, 제1회 백봉신사상을 수상하다. 이후 제2회(2000), 제4회(2002), 제6회(2004) 백봉신사상을 수상하다.

정치부 기자들이 뽑은 '차세대 지도자' 1위 수상하다.

2000   남북의 정상이 처음으로 평양에서 회담. 6·15선언 발표.

2000   국내에서 최초로 시도된 2000국제금융박람회 준비위원장을 맡다.

3월, 새천년민주당 16대 총선 서울 선거대책위원장으로 활동하다.

4월, 16대 국회의원에 당선되다.

5월, 우석대 겸임교수에 취임하다.

8월 30일, 새천년민주당 최고위원으로 당선되다.

9월, 연변대학교 석좌교수에 취임하다.

10월, 새천년민주당 공적자금 관리 및 금융구조개혁특위 위원장에 선임되다.

2001 새천년민주당 전자거래활성화를 위한 법령정비정책기획단 위원장, 새천년민주당 소득격차완화특별위원회 위원장에 선임되다.

4월 3일, 한반도평화와 경제발전전략연구재단(한반도재단)을 창립하여 이사장을 맡다.

11월, 새천년민주당 상임고문에 선임되다.

2002 3월 3일, 정치자금 양심고백을 단행하다. "나의 고백은 한 정치인이 거듭 태어나고자 하는 노력으로 정치개혁에 대한 새로운 다짐이며, 깨끗한 정치 문화 실현과 국민이 신뢰하는 정치를 만들기 위한 고뇌 어린 충정"이라고 밝히며, 2000년 8월 최고위원회 선거 당시 사용한 정치자금 규모와 내역을 밝혔다.

3월 12일, '아름다운 꼴찌'로 기억해 달라는 말과 함께 민주당 대통령후보 경선에서 사퇴하다.

5월 14일, 양심고백 관련, 정치자금법 위반 혐의로 검찰 소환을 통보받다.

6월, 새천년민주당 8·8재보선 특별대책기구 위원장으로 활동하다.

10월, 새천년민주당 중앙선대위 상임위원에 선임되다.

11월, 국내 정치개혁특별위원회 위원으로 활동하다.

2002   한일 월드컵 개최. 노무현 제16대 대통령 당선.
2003   북핵문제 해결을 위한 6자 회담 시작. 열린우리당 창당.

2003   6월 13일, 새천년민주당 경제활성화대책특위 위원장에 선임되다.

9월 19일, 국민참여통합신당 원내대표로 선출되다.

10월 16일, 정치개혁입법을 위한 범국민정치개혁협의회 구성을 제안하다.

10월 27일, 열린우리당 원내대표로 선출되다.

12월, 정치자금 양심고백 관련 항소심에서 선고유예를 선고받다.

2004   노무현 대통령 탄핵소추안 가결. 2개월 뒤 헌법재판소에서 기각 판결을 내려 대통령직에 복귀함.

2004   4월, 제17대 국회의원으로 당선되다.

6월 14일, 국민과의 약속을 지키기 위해서 공공주택 분

양원가 공개에 관한 공약 이행을 주장하다.

7월 1일, 제43대 보건복지부 장관에 취임하다. 2005년 12월 31일까지 재임했다. 재임 중 노인장기요양보험, 건강보험의 보장성 강화, 국민연금의 안정성 확보, 영리병원 도입 저지를 위해 노력했다.

2006 2월 18일, 열린우리당 최고위원에 당선되다.
6월 10일, 열린우리당 의장으로 취임하다.
10월 20일, 북핵 위기가 고조되는 상황에서 개성공단을 방문하다.

2006 한미 FTA 협상 시작됨.

2007 3월 27일, 한미 FTA 협상 중단을 촉구하며 단식농성을 시작하다.
6월 12일, 평화개혁세력 대통합의 밀알이 되겠다는 성명과 함께 대선불출마를 선언하다..
8월, 대통합민주신당의 창당발기인이자 중앙위원으로 참여하다.

2007 제2차 남북정상회담. 10·4공동성명 발표.

이명박 제17대 대통령에 당선.

2008   소고기 협상을 반대하는 촛불 시위에 수백만 명이 참가.

　　　　금강산 관광객 피격 사건 발생. 금강산 관광 중단.

2008   2월, 통합민주당 상임고문에 선임되다.

　　　　9월, 한양대 행정·자치대학원 초빙교수로 한국정치학을 강의하다. 2010년까지 한양대에서 강의했고, 2011년에는 우석대에서 석좌교수로 강의했다.

　　　　9월 30일, 민주연대 발기인대회에서 이명박 정부를 '민간독재'로 규정하다.

2009   노무현 전 대통령 서거.

　　　　김대중 전 대통령 서거.

2009   6월, 쌍용차 사태 해결을 위해 평택 공장을 방문하다.

　　　　7월 5일, 시국강연을 통해 '민주주의 수호를 위한 국민 불복종 운동과 새로운 제2차 민주대연합 결성'을 제안하다.

　　　　8월, 신자유주의 극복과 한국형 새로운 경제발전 모델을 모색하기 위해 공부모임 '동인'을 만들어 2011년 10월까지 25차례의 세미나에 참석하다.

　　　　10월, 재·보궐선거 안산 상록(을) 선거대책위원장을 맡다.

11월 3일, '행동하는 양심 김대중 사상 대강좌'에서 '한반도 위기와 민주세력의 책임'이라는 주제의 강연을 하다.

2010　연평도 포격사건 발발. 전국에 걸쳐 대규모 구제역 발발.

2010　민주진보세력의 대통합을 위해 야당과 시민단체 지도자들과 지속적으로 만나기 시작하다.
5월, 민주당 중앙당 지방선거 선거대책위원회 공동선대위원장에 선임되다
8월, 민주당 내 진보가치를 강화하기 위해 만든 최대 조직인 '진보개혁모임'의 공동대표로 선임되다

2011　유럽과의 FTA 발효.
한미 FTA 비준 동의안 국회에서 날치기로 통과.

2011　3월, 진보개혁모임의 공동대표를 맡다.
11월 29일, 서울대학병원에 입원하다.
12월, 민주통합당 상임고문에 선임되다.
12월 30일, 영면하다.

― 참고문헌

『열려진 세상으로 통하는 가냘픈 통로에서』 김근태 | 한울 | 1992

『우리 가는 이 길은』 김근태 | 새날 | 1992

『희망의 근거』 김근태 | 당대 | 1995

『희망은 힘이 세다』 김근태 | 다우 | 2001

『남영동』 김근태 | 중원문화 | 2007

『일요일에 쓰는 편지』 김근태 | 샛별디앤피 | 2007

『6월 항쟁을 기록하다』 민주화운동기념사업회 | 2010

『하나가 되지 못하면 이길 수 없습니다』 최상명 | 푸른숲 | 2012

글 최용탁

충북 충주에서 태어나 2006년 전태일문학상을 수상하며 등단했습니다.
그동안 펴낸 책으로 소설집『미궁의 눈』, 장편소설『즐거운 읍내』,
평전『역사를 딛고 선 휜 고무신−계훈제』, 산문집『사시사철』등이 있습니다.

그림 박건웅

1972년 서울에서 태어나 홍익대학교 회화과를 졸업하였습니다. 현재는 만화가이자
일러스트 작가로 활동하고 있습니다.
한국현대사를 다룬 장편만화『꽃』,『노근리 이야기』를 출간하였고『콩 너는 죽었다』,
『내 똥 내 밥』,『섬집 아기』,『토지』,『자전거 타는 대통령』,『묻고 답하는 현대시 카페』,
『넌 아직 몰라도 돼』등에 삽화 작업을 하였습니다.

역사인물도서관 1
당신이 옳았습니다 — 김근태 이야기

1판 1쇄 발행일 │ 2012년 12월 26일
1판 2쇄 발행일 │ 2013년 7월 31일
1판 2쇄 발행부수 │ 2,000부 │ 총 4,000부 발행

글쓴이 │ 최용탁
그린이 │ 박건웅

편   집 │ 김혜선, 진원지, 박혜리
디자인 │ 이승욱
마케팅 │ 이용구
펴낸이 │ 김태완
펴낸곳 │ (주)도서출판 북멘토

출판등록 │ 제6-800호(2006. 6. 13.)
주소 │ 121-816 서울 마포구 동교동 113-81 2층
전화 │ 02-332-4885
팩스 │ 02-332-4875

ⓒ 최용탁·박건웅, 2012

- 잘못된 책은 바꾸어 드립니다.
- 이 책은 저작권법에 따라 보호를 받는 저작물이므로 무단전재와 무단복제를 금합니다.
- 이 책의 전부 또는 일부를 쓰려면 반드시 저작권자와 출판사의 허락을 받아야 합니다.
- 책값은 뒤표지에 있습니다.

ISBN 978-89-6319-070-9 03990